내용이 쉽고 깊은 <아가서>

마지막 신부의 고백

백인순 사모

_____ 님께

_____ 드립니다

책 머리에

세상에서 가장 아름다운 노래

아가서의 히브리어 제목은 '쉬르 하쉬림'입니다. 이 말을 직역하면 '노래들 중의 노래'로, '세상에서 가장 아름다운 노래'라는 뜻을 가지고 있습니다.

유대인의 예배에서 가장 중요한 책 중 하나인 아가서는 출애굽과 시내산 언약 유월절 집회에서 낭송되었습니다. 유대인들이 절기 때마다 이 아가서를 낭독한 것은 **'주님을 뜨겁게 사랑한다'**는 신앙고백을 통해 그들의 마음을 전달하기 위해서였습니다.

그동안 우리는 아가서를 이해하기 힘든 책으로 대했습니다.
저 또한 이 책에 큰 의미를 두지 않고 지식으로만 알려고 했습니다.

아가서를 공부하고 묵상하면서 주님의 마음을 알게 되었고,
또 우리가 어떻게 주님을 사랑해야 하는지, 신앙관을 정립해주는 귀한 시간이었습니다.

이 책은 우리의 깊숙한 내면의 감정을 끌어내어 주님께 참 신앙의 고백을 올려드리며, 다시 한 번 신앙관을 정립하여 다짐하게 합니다.

지금 우리는 주님이 오시기 직전에 일어나는 혼란스러운 시대를 살고 있습니다.
이럴 때일수록 우리는 순수 신앙을 회복해야 합니다.
다시 만날 주님을 뜨겁게 사랑해야 합니다.
우리의 신앙고백은 더 확실해야 하고
우리의 삶은 말씀이 기준이 되어 십자가를 지는 삶으로 살아야 합니다.

보잘것없는 술람미 여인이, 왕이신 솔로몬을 간절히 그리워하며 사모하는 마음이 우리의 믿음이 되기 원합니다.

신랑을 향한 사모함, 그리움, 애절함, 상사병이 날 것 같은 모습이 우리의 모습이 되어야 합니다.
주님을 사랑하는 시간이 우리에게 그리 길지 않습니다.
100년 안짝 짧은 인생, 주님께 모두 드려도 아쉬워하거나 후회하지 않습니다.
우리 영혼을 영원히 책임져 주시고 어여쁜 신부로 맞이할 주님이 계시기에,
이 땅에서 신부로 사는 우리는 술람미 여인처럼, 신랑을 그리워하며 애절한 사랑의 노래가 멈추지 말아야 합니다.

천국에서 가장 아름다운 신부가 되기 위해, 오늘도 신앙의 경주자로 세월을 아끼는 지혜로운 신부들에게 조금이나마 신앙 여정에 힘이 되길 소원하면서,

　이 책이 나오도록 기도와 사랑의 지지자인 남편 최창환 목사님과 교우들, 그리고 교정으로 협력해주신 심보형 집사님께 귀한 은혜를 나눕니다.

2021년 7월 백인순 사모

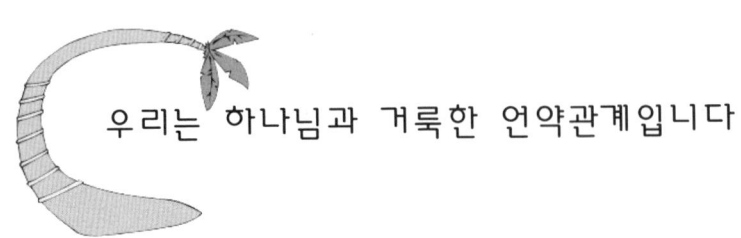
우리는 하나님과 거룩한 언약관계입니다

처음에 아가서는 남녀 간의 사랑 이야기이므로 성경에 들어갈 수 없는 인간적인 것이라 여겨졌습니다. 그러다가 주후 90년, 유대 랍비들이 얌니아(Jamnia) 회의에서 하나님께서 이스라엘 백성들을 향한 사랑의 메시지로 이해하며 받아들였고, 후기 기독교에서는 주 예수께서 교회를 사랑하시는 뜻의 말씀으로 이해했습니다.

아가서는 배경과 상황이 구체적이고 사실적으로
현실감 있게 때론 박진감 넘치게 표현하고 있습니다.

하나님의 사랑을 극적으로 표현하고자 동식물에 비유하여
섬세함과 솔직함, 원색적인 표현도 서슴지 않고 표현하였습니다.

'솔로몬의 아가라'에서 '아가'는 'The song of songs(노래들 중의 노래)'로 되어 있습니다. 아주 뛰어난 노래, 아름답게 그의 신부 된 교회를 뜨겁게 사랑하시는 신랑이신 그리스도의 고백의 노래입니다.

솔로몬은 잠언 3,000가지를 말하였고 1,005편의 노래를 지었습니다(왕상 4:32). 그가 지은 다른 노래들은 다 없어졌지만 거룩한 사랑의 노래(아가서)는 지금도, 그리고 앞으로 신랑이 오실 그날까지 끝까지 남아 있을 것입니다.

시 언어로 쓰인 아가서는 에스더서처럼 '하나님'이라는 단어가 한 번도 직접적으로 언급되지 않지만, 하나님의 사랑이 풍부하게 드러납니다.

아가서를 놓고 성경학자들은 다양한 방법으로 표현하고 해석합니다.
해석하는 사람마다 구절구절 화자가 다르게 해석되면서, 이 아름답고 귀한 책을 더 어렵게 해 쉽게 접근하지 못하는 경향도 있습니다.

이 책은 최대한 주석에 입각하여 화자를 찾아내고 묵상하는 방식으로, 누구나 손쉽게 읽고 더 나아가 하나님 사랑을 깊이 느끼고 고백하는 길잡이가 되는 데에 주안점을 두었습니다.

하나님은 인간을 남자와 여자로 창조하셨고(창 1:27, 2:20~23) 결혼 제도를 만들었습니다. 하나님이 만들어준 이 결혼제도의 의미는 매우 중요한 신성성을 내포하고 있습니다.
성경에는 하나님과 우리의 관계를 혼인한 부부 관계로 비유적으로 여러 군데에 표현했습니다.

구약에서 하나님은 이스라엘 백성과의 언약관계를 결혼에 빗대어 표현했습니다.

이스라엘을 신부로 맞이하시는 하나님(호 2:19~20) 등.

예레미야, 에스겔, 호세아 선지자들은 하나님과 이스라엘의 관계를 친밀한 부부 사이로 보여주며, 우상숭배를 했을 때는 간음으로 비유했습니다.

신약에서도 역시 그리스도와 교회의 관계를 혼인관계로 비유하며 성도와 친밀감 있는 관계임을 보여줍니다(엡 5:21~23).

또한 사도 바울은 고린도 교회 성도들이 참 신부로서 신랑 되신 주님 안에 거하길 원하는 마음으로 글을 썼습니다.

"내가 하나님의 열심으로 너희를 위하여 열심을 내노니 내가 너희를 정결한 처녀로 한 남편인 그리스도께 드리려고 중매함이로다"(고후 11:2).

교회(나)와 예수님과의 관계를 신랑과 신부의 관계로 설명한 것입니다.

아가서 역시 신랑이신 예수 그리스도와 신부 된 교회(나)와의 사랑을 구체적이고 뚜렷이 기록했습니다.

신랑 되신 그리스도와 신부 된 교회(나),
사랑하는 아버지의 마음을 가지고 한 단계 더 나아가

"나는 내 사랑하는 자에게 속하였고 내 사랑하는 자는 내게 속하였으며 그가 백합화 가운데 그 양떼를 먹이는도다"(아 6:3).

하나 된 사랑
끊을 수 없는 사랑

복음적 의미로 묵상하면서 그리스도의 무한한 사랑을 받은 신부 된 우리가, 신랑 되신 주님께 풍성한 사랑 고백으로 다시 올려 드리기 원합니다.

풍성한 언어로,
때론 친밀한 감정으로,

맘껏 하나님의 사랑을 표현하고, 나누고, 드려지는 시간들이 우리에게 너무나 소중한 시간입니다.

각 장 마지막 페이지에 마련된 '신부의 고백'란에 각자의 아가서(The song of songs)가 풍성히 채워지기를 기도합니다.

아가서 줄거리

작은 시골 마을에 살던 술람미 여인은 가족은 있지만 크게 사랑을 받지 못하는 삶이었습니다. 포도원지기로 하루 종일 뙤약볕에서 거칠고 힘든 일을 하느라 아름다운 얼굴은 검게 그을리고 지친 모습이지만, 그 마음속에는 참 신랑을 기다리는 사랑이 있었습니다.

열심히 일하고 있던 어느 날, 멋진 남자가 포도원을 방문합니다. 검게 그을리고 볼품없는 술람미 여인의 모습이었지만, 그는 참사랑을 가진 신랑을 기다리는 애절한 마음에 반하여 사랑을 고백하게 됩니다. 그렇게 서로 사랑하게 된 두 사람은 점점 더 그 사랑이 깊어져 갔습니다.

처음으로 받아보는 사랑.
부모에게도 형제들에게도 받지 못한 사랑.
처음으로 사랑이라는 의미를 알고 배우는 사랑.

그 사랑이 얼마나 아름답고 좋은지….
술람미 여인은 그 사랑을 놓치고 싶지 않았습니다.
평범한 사랑이 아닌, 감히 이루어질 수 없는 왕의 사랑이었습니다.

 많은 사람들은 용기 있는 술람미 여인을 부러워합니다.
 여인에게는 왕을 사랑하는 데 두려움이 없었습니다.
 그 사랑이 변하지 않는 참사랑임을 알았기에….

 왕궁에 수많은 아름다운 여인들이 있었지만
 왕은 술람미 여인에게만 '나의 신부'라고 칭합니다.
 그리고 어느 날, 왕은 여인을 태울 가마를 가지고 와서 혼인예식을 올립니다.
 서로의 사랑을 완성한 두 사람은 영원한 언약의 관계를 맺으며 맘껏 사랑합니다.

 변치 않는 사랑
 영원한 사랑
 왕이 책임져주는 사랑

 그러나 한 점 부족함이 없던 술람미 여인은 그 값진 사랑을 잠시 잃어버리는 실수를 합니다. 왕이 찾아왔을 때, 그 귀한 사랑을 외면하고 맙니다. 신부의 사명을 다하지 못한 나태한 행동으로 인해 신랑이 그녀의 곁을 떠나는 아픔을 경험하게 됩니다.

 신랑이 떠난 후에야 그녀는 뒤늦게 후회를 하며, 떠나간 신랑을 찾아다니는 아픔의 시간을 보냅니다.

마침내 어려운 시간을 지내온 신부는 다시 신랑을 만나게 되고, 변함없는 사랑을 가진 신랑은 그녀를 다시 받아들입니다. 그리고 예전보다 더욱 깊은 사랑을 나누게 되었습니다.

서로가 서로에게 속했음을 확인한 후, 다시 한 번 사랑의 언약을 되새깁니다. 그 언약을 통해 두 사람의 사랑은 이제 그 어느 것도 끊을 수 없게 되었습니다.

많은 사람들이 해보고 싶은 사랑
받아보고 싶은 사랑
부러운 사랑

이제 그들은 어떠한 어려움도 이겨내는 사랑의 완성을 향해 달려가고 있습니다.

죄의 노예로 소망 없는 우리에게 예수님이 찾아오셨습니다.
죄인 된 우리를 하나님의 자녀 삼아 주시고 그분과 교제할 수 있는 특권을 주셨습니다.
예수님은 자녀 된 우리에게 재림을 약속하시면서 신앙의 경주를 잘하기 원하십니다.
그리고 주님은 자녀 된 우리가 구원자를 잃어버리지 않고 날마다 동행하는 삶을 살기 원하십니다.

구원받은 기쁨.
하나님과 함께하는 삶.
주님과 함께하는 삶은 이 땅에서 가장 행복한 삶입니다.

그런데 잠시, 아주 잠시….

나의 행복의 근원인 하나님을 잠시 잃어버리고 세상의 취해버린 나.
신앙의 경주를 잠시 멈추고 신부 된 단장을 저버리고 그분의 소리를 외면합니다.
그분은 나를 신부로 믿고 있었는데 나는 그분이 나의 신랑 되심을 외면하고 말았습니다.
주님은 밤이 맞도록 '나의 신부야, 문 열어 달라'고 애절하게 부르시지만
죄의 본성을 가진 나는 그의 목소리를 듣지 못하는 죄를 범했습니다.
그분이 떠나고 나서야 얼마나 나를 사랑하는지 깨닫게 된 나는, 진심 어린 회개기도로 관계회복을 이루게 되었습니다.

죄로 인해 잠깐 멀어질 수 있지만 결코 떨어질 수 없는 사랑의 언약.
죄를 알고 깨닫고 회개한 신부 된 나의 모습을, 신랑 되신 구원자 예수님이 더욱 귀히 여기며 참사랑의 위기를 극복합니다.
예전과 다른 성숙한 그리스도와의 만남을 경험한 나는 존귀한 신

부의 자리에서 춤을 추며 구원받은 기쁨의 모습을 감출 수 없습니다. 그 모습은 많은 사람들에게 부러움을 줍니다.

그는 내 안에, 내가 그 안에
한 영을 가진 그리스도와의 만남은 이제 어떤 것도 끊을 수가 없습니다.
주님이 나를 위해 십자가에서 죽으시고 다시 사신 값진 존재가 되었습니다.
신부 된 나는
'죄와 피 흘리기까지 싸우겠습니다.'
라고 다시 다짐합니다.

이제 하나님과 나는 죽음보다 더 강한 사랑을 가졌기에, 이 사랑을 잃어버리지 않기 위해서 얼굴과 얼굴이 만날 때까지 깨어 있기 원합니다.

주님, 사랑합니다.
저에게 신부의 자리를 주신 주님을 영원히 사랑합니다.
존귀한 신부로 이 땅에서 아름답고 승리하는 삶을 살기 원합니다.

추천의 글 1

마음과 삶이 실려 있는 사랑의 고백

글은 마음을 표현합니다. 그래서 글을 보면 그 사람의 마음을 알 수 있고 삶을 알 수 있습니다. 글이란 자신을 보여주는 것입니다. 그렇기에 글을 쓴다는 것은 대단한 용기가 필요합니다.

제주도 사모님이 글을 쓰셨습니다. 아가서를 읽고 묵상한 것을 글로 옮긴 글입니다. 아가서를 주해한 것도 아니고 느낀 점을 쓴 것도 아닙니다.

사모님이 쓰신 글에는 사모님의 마음이 실려 있고 삶이 실려 있습니다. 내가 표현하지 못한 주님을 향한 사랑과, 주님으로부터 받은 사랑을 아가서를 빌려서 표현한 글들입니다.

사모님은 술람미 여인입니다. 아가서의 술람미 여인이 촌스러운 것처럼 제주도 사모님도 촌스럽습니다. 그런데 아가서의 여인이 말할 수 없는 사랑을 받은 것처럼 제주도의 사모님도 말할 수 없는 사랑을 받고 사십니다. 아가서의 여인이 사랑에 병든 것처럼 제주도의 사모님도 주님을 향한 사랑으로 병든 행복한 여인입니다.

아가서의 술람미 여인을 모든 예루살렘 여인들이 부러워했던 것처럼, 제주도의 사모님을 모든 피조물이 부러워합니다. 술람미 여인이 행복했던 것처럼 제주도의 사모님도 행복합니다.

우리는 이 시대, 제주도에 사는 술람미 여인의 글을 대하게 되었습니다. 제주도에서 사는 이 시대의 술람미 여인이 쓴 사랑의 글을, 또 다른 술람미 여인이 되고 싶어 하는 모든 성도들에게 추천합니다.

수정동 성결교회 조관호 목사

추천의 글 2

메마른 심령에 사랑을 심어주는 책

백인순 전도사가 아가서를 알고 싶다고 말한 것이 엊그제 같은데 귀한 책 한 권을 완성했네요.
추천서를 쓰기 위해 책을 읽다 보니, 아가서가 쉽게 이해가 되고 신앙고백하면서 읽게 되었습니다.

목회생활을 하면서 많은 설교를 했지만 아가서 설교는 몇 번 하지 않았던 것 같습니다.
참 어렵다고 여긴 책을 쉽게 접할 수 있도록 글을 써서 우리 모두가 은혜의 자리로 나아가게 하니 감사합니다.

우리는 아가서를 쉽게 이해하며 읽지만 글을 쓴 사람의 수고가 엿보인 책이었습니다.
아가서에 대한 큰 숲도 보여주고 구절구절 화자를 찾아내어 화자의 마음에 감정을 이입하여 다시 신앙고백하면서, 장별 소제목을 붙여서 큰 문맥이 막힘없이 흘러가도록 만든 책입니다.

책 내용은 영원히 주님을 사랑하고픈 술람미 여인의 마음과 그 여인의 귀한 마음을 변함없는 한결같은 사랑으로 채워 주는 아버지의 마음이 우리 마음까지 전달되어, 메마른 심령에 사랑을 심어주는 책입니다.

주님 언제 오실지 모르는 불안한 시대에 이 책은 우리에게 신앙의 경각심까지 일깨워 주며 모든 세대들이 읽어도 어렵지 않고 무난하며 바쁜 일상으로 인하여 주님과 멀어져 있는 성도들에게 추천을 해도 좋을 것 같습니다.

글쓴이는 나의 아내입니다. 사모로, 전도사로, 그 외 여러 활동을 하면서 주님의 몸 된 교회를 잘 지키고, 믿음의 교우들과도 친분 있게 잘 지내고 시부모님을 주님이 주신 축복이라며 잘 섬기며, 맡겨주신 자녀들을 주님의 말씀으로 양육하여 하나님의 거룩한 일꾼이 되도록 신앙으로 양육하는 현모양처입니다.

아가서 집필을 마치고 나더니 또 다른 성경범위를 묵상하여 주님을 더 깊이 만나고 싶다는 표현에, 설교자로서 더 열심히 해야겠다는 도전도 받게 됩니다.

사랑이 메말라가는 시대에 이 글을 읽는 모든 분들이 그 크신 하나님의 사랑을 알고 깨달아, 모두 그리스도의 사랑의 전달자가 되길 기도합니다.

제주도 청수성결교회 최창환 목사

contents / 차 례

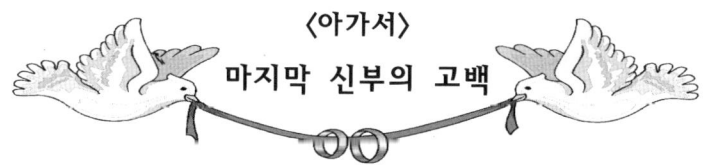

책 머리에　　…　백인순 사모 ▶ 3
우리는 하나님과 언약관계입니다　…　▶ 6
아가서 줄거리　　…　▶ 10
추천의 글 1　　…　조관호 목사 ▶ 15
추천의 글 2　　…　최창환 목사 ▶ 17

1장　사모하는 믿음　…　▶ 21

2장　친밀한 믿음　…　▶ 43

3장　하나 된 믿음　…　▶ 65

4장　감동하는 믿음　…　▶ 77

5장 안일한 믿음 … ▶ 95

6장 회복하는 믿음 … ▶ 115

7장 더 깊고 친밀한 믿음 … ▶ 135

8장 달려가는 믿음 … ▶ 149

이야기를 마치며 … ▶ 173
에필로그 1 어느 개미 마을 이야기 … ▶ 179
에필로그 2 우리는 주님의 신부들입니다 … ▶ 184

1장

숨 부기

술람미 여인은 참 지혜롭습니다.

자신의 환경에 굴하지 않고 참사랑의 대상을 가슴에 품고
그 사랑을 갈망하는 모습이 왕의 마음으로 향했습니다.

예루살렘 딸들아 내가 비록 검으나 아름다우니
게달의 장막 같을지라도 솔로몬의 휘장과도 같구나.

환경과 조건에 요동치는 사랑이 아니라
진정한 사랑의 가치를 알고 그 사랑을 취하고자
사모하는 믿음을 왕에게 보이는 술람미 여인.
왕이 찾고 원하는 사랑도 그런 사랑이었습니다.

왕은 술람미 여인의 참된 고백을 귀히 여기며
그 고백을 아름다운 사랑의 언어로 화답하며
신부에게 줄 예물도 준비하며

나의 사랑하는 자는 내 품 가운데 몰약 향주머니요(솔)
나의 사랑하는 자는 내게 엔게디 포도원의 고벨화 송이로구나 (술)
솔로몬의 마음속엔 술람미 여인이 보화처럼 있고
그런 솔로몬을 존경하는 술람미 여인.

 아가서 1장은 술람미 여인과 솔로몬 왕이 서로의 사랑을 확인하며,
더 깊은 사랑의 결실을 향하여 달려가고 있습니다.

1장
사모하는 믿음

어느 날 술람미 여인은 솔로몬을 마음에 품고
그 사모함이 가슴 깊은 곳에 뿌리내리게 되었습니다.

자신의 형편
자신의 모습
자신의 신분

그 어떤 것도 사랑 앞에서는 이유가 될 수 없었습니다.

농사일로 머리는 흐트러지고 얼굴은 검게 그을리고 옷도 남루하지만
마음은 그를 사랑함에
얼굴빛은 홍조빛으로 밝고 아름답습니다.

술람미 여인은 확신합니다.

내 모습은 검고 아름답지 못할지라도
그를 사랑하는 마음은 참 보배롭고 아름다워
그가 찾아와서 나를 신부로 맞이할 거라고…

사모하는 마음에 신랑 되신 주님은 변함없이 찾아오십니다.

내 작은 심령에
하나님을 사모하는 믿음을 주심을 감사드립니다.
주님을 사모하는 마음을 가짐이
내 인생에 가장 큰 축복입니다.
사모하는 믿음이 주님을 영접하는 길이었습니다.

1장 묵상

1. 솔로몬의 아가라
   솔로몬의 노래 중의 노래.

2. 내게 입맞추기를 원하니 네 사랑이 포도주보다 나음이로구나(술)
   가장 값진 사랑의 의미를 아는 술람미 여인의 솔로몬을 향한
   애절하고 갈급한 사랑의 마음.

　　주님의 은혜를 사모합니다.
　　주님의 은혜를 구합니다.
　　주님과 영원한 언약관계를 원합니다.
　　술람미 여인이 솔로몬의 사랑을 받기 원하듯, 죄인 된 제가 구원자 되신 주님의 사랑을 원합니다.
　　주님의 사랑은 세상의 어떠한 것과 비교할 수 없는 사랑입니다.
　　그 사랑을 가진 자가 되게 하소서.

　　주님은 죄인 된 나를 거룩한 하나님의 교제 자리에 앉히기 원하십니다.
　　주님! 주님과 함께하는 삶은 세상이 주는 어떤 기쁨과 비교할 수 없습니다.

주님! 거룩한 입맞춘 자로 주님과 평생 동행하는 삶을 살게 하소서.

주님! 두렵습니다.

내가 가룟 유다 같은 배신의 입맞춘 자가 되지 않게 하소서.

날마다 주님께 입 맞추는 자로 살게 하소서.

주님을 향한 애절함과 사모함이 내 심령에 날마다 넘치게 하소서.

"그가 사모하는 영혼에게 만족을 주시며 주린 영혼에게 좋은 것으로 채워주심이로다"(시 107:9).

이 세상에서 가장 값진 사랑의 대상!
주님을 만남이 내 인생에 가장 큰 축복입니다.

3. 네 기름이 향기로워 아름답고 네 이름이 쏟은 향기름 같으므로 처녀들이 너를 사랑하는구나 (술)
　솔로몬의 내적·외적 아름다움을 표현하는 술람미 여인.

주님은 변함없는 사랑입니다. 이 사랑이 향기 되어 나를 취하게 합니다.

주님은 변하지 않는 영원한 향기, 구원의 향기, 생명의 향기입니다.

영원히 없어지지 않는 구원의 향기, 내 안에 날마다 가득 채우소서.

　　하나님의 사랑은 변함없는 기쁨, 희락, 즐거움(포도주)입니다.
　　하나님 자신이 향기 되어 죄인 된 나에게 전부 부어 주셔서 쏟은 향기가 되어
　　많은 사람들이 부러워하며 그 사랑을 받고자 합니다.
　　주님! 내 안에 주님의 향기, 가득 채워 주소서.

　　"너희는 그리스도의 향기라"(고후 2:15).

　　지난날의 나의 삶은 어떤 향기를 내며 살았는지 돌아보게 하시고
　　나의 남은 인생의 연수가 그리스도의 향기가 되게 하소서.

4. 왕이 나를 그의 방으로 이끌어 들이시니 너는 나를 인도하라 우리가 너를 따라 달려가리라 우리가 너로 말미암아 기뻐하며 즐거워하니 네 사랑이 포도주보다 더 진함이라 처녀들이 너를 사랑함이 마땅하니라 (술)
　　술람미 여인이 솔로몬에게 사랑을 갈망하며 그의 인도를 받기를 원하는 마음을 드러냄.

　　주님! 구원을 사모하는 자, 저를 주님 보좌로 이끌어 주소서.
　　주님의 사랑을 놓치고 싶지 않습니다.
　　구원자로 오신 주님은 온 인류의 축복입니다.

주님은 구원받은 자에게 친밀한 교제를 원하시어 지성소(그의 방)로 이끄시어

죄인 된 우리를 통해 '하나님은 참 하나님이라.' 고백을 받기 원하시며

지성소의 만남을 통해 하나님의 진실한 사랑을 배워 갑니다.

많은 사람들도 지성소의 만남을 그리워하며 신앙의 경주를 합니다.

주님! 주님은 온 인류의 사랑을 받기 합당한 분이십니다.

주님을 향한 내 사랑이 멈추지 않고 신앙의 경주자로 승리케 하소서.

"사람이 마음으로 자기의 길을 계획할지라도 그의 걸음을 인도하시는 이는 여호와시니라"(잠 16:9).

주님! 저의 발이 주님의 보좌로만 나아가게 하시고

주님을 향한 사랑의 갈망이 내 안에서 날마다 용솟음치게 하소서.

5. 예루살렘 딸들아 내가 비록 검으나 아름다우니 게달의 장막 같을지라도 솔로몬의 휘장과도 같구나 (술)

술람미 여인은 자신의 검음이 아름답고, 이를 솔로몬의 휘장으로 표현함. 솔로몬이 찾는 신부의 내면의 아름다움을 자신하는 술람미 여인.

내 비록 초라하고 보잘것없는 삶이라 할지라도
주님이 계시기에 내 심령은 솔로몬의 휘장입니다.

주님!
참 보화를 가진 나는 게달의 장막 같은 삶일지라도 기뻐할 수 있습니다.
내 안의 보배이신 주님은 내 삶의 전부입니다.
주님! 신랑 되신 주님을 한순간도 잊지 않고 살아가게 하소서.
주님! 나의 심령은 솔로몬의 휘장같이 아름답고 성결한 신부임을 잊지 않게 하소서.

"우리의 겉사람은 낡아지나 우리의 속사람은 날로 새로워지도다"(고후 4:16).

주님! 내 속사람의 아름다움이 주님의 기쁨이요, 감동이기 원합니다.

6. 내가 햇볕에 쬐어서 거무스름할지라도 흘겨보지 말 것은 내 어머니의 아들들이 나에게 노하여 포도원지기로 삼았음이라 나의 포도원을 내가 지키지 못하였구나 (술)
  술람미 여인이 오라비들이 시키는 대로 포도원에 나가서 일하다 보니 자기의 포도원, 즉 여인으로서 가꾸어야 할 자신의 외모를 제대로 가꾸지 못함을 표현함.

검고 아름답지 않아도 오직 신랑 한 분만 사모하는 내 심령은 아름다운 신부입니다.
　　신부의 사명은 언제 오실 줄 모르는 신랑을 기다리는 것입니다.
　　주님! 타인으로 인해 내 신앙이 멈추지 않게 하소서.
　　세월을 아끼는 지혜로움이 있게 하소서(엡 5:16).
　　하나님 장막을 세우는 데 우선순위의 삶을 드리게 하소서.
　　가끔 우리의 삶이 원하지 않는 고생의 길에 서 있을 때도 있었고
　　억울한 삶이 있을 때도 있습니다.
　　그 세월을 사느라 내 심령의 장막(포도원)을 더 굳건히 세우지 못할 때도 있습니다.
　　하지만 심령 깊숙이 보화이신 주님이 계시기에
　　나의 포도원은 더 든든합니다.

7. 내 마음으로 사랑하는 자야 네가 양 치는 곳과 정오에 쉬게 하는 곳을 내게 말하라 내가 네 친구의 양 떼 곁에서 어찌 얼굴을 가린 자같이 되랴 (술)
　　술람미 여인은 자기가 사랑하는 솔로몬을 찾아 같이 지내기를 간절히 바라는 소망을 표현함.

　　우리의 시선이 구원자 되신 주님께만 향하게 하소서.
　　그가 계신 곳, 함께 있는 곳이 신부의 자리입니다.

주님과 멀어져서 얼굴을 가리운 자처럼 살아가지 않게 하소서.

어디서든지 어느 곳에든지 나의 시선이 주님께만 향하기 원합니다.

그 시선 외면하지 않으시는 주님의 마음이 내 마음에 닿습니다.

길이요 진리요 생명 되신 주님께 나의 삶을 전부 올려드립니다 (요 14:6).

주님 안에서 참 생명의 꼴과 참 쉼을 갖기 원합니다.

지성소의 만남과 같이 목자와 양으로 더 친밀한 관계를 갖기 원합니다.

주님! 주님은 나의 참 목자이십니다.

참 목자의 음성 따라가는 지혜로움이 내 안에 있게 하옵소서.

8. 여인 중에 어여쁜 자야 네가 알지 못하겠거든 양 떼의 발자취를 따라 목자들의 장막 곁에서 너의 염소 새끼를 먹일지니라 (예)
  솔로몬과 술람미 여인의 사랑이 이뤄지기를 소망하는 예루살렘 여인들의 합창.

"높음이나 깊음이나 다른 어떤 피조물이라도 우리를 그리스도 예수 안에 있는 하나님의 사랑에서 끊을 수 없으리라"(롬 8:39).

세상 어떤 것도 주님의 사랑에서 끊을 자 없음을 선포합니다.

주님의 십자가 사랑이 죄인 된 우리에게 구원의 길을 열어 놓으셨습니다.
  구원을 사모하는 자의 모습
  주님이 이 땅에 오셔서 하신 일은 십자가 승리 사역이었습니다.

  사모하는 자에게 신랑 되신 주님은 오십니다.
  내가 있는 자리에서 최선을 다하여 주님을 맞이하기 원합니다.

  그동안 하나님과 친밀한 교제를 나누었던 믿음의 선진들을(양 떼들의 발자취) 생각하면서
  믿음의 선진들을 본받아 한 영혼도 잃어버리지 않고 사명 감당하기 원합니다.
  신부의 사명은 생명을 낳고 살리는 것입니다.
  그 사명, 기쁨으로 잘 감당하게 하소서.

  주님! 주님의 사명 따라 오늘도 목동의 삶을 살기 원합니다.
  내 안에 주님의 마음과 시선을 가득 부어 주소서.

9. 내 사랑아 내가 너를 바로의 병거의 준마에 비하였구나
10. 네 두 뺨은 땋은 머리털로, 네 목은 구슬 꿰미로 아름답구나
    (솔)
    술람미 여인의 생명력 넘치는 아름다움을 노래하는 솔로몬의 화답송.

구원을 사모하는 자.
주님은 그런 우리에게
'내 사랑아'라는 호칭으로 다가옵니다.

주님! 감사합니다.
주님의 사랑을 받은 자로 인 쳐주심을 감사드립니다.
주님의 사랑 존귀히 여기는 자로 살아가게 하소서.

내 눈에는 나 자신이 보잘것없어 보이는데
주님은 너무 귀하게 우리를 바라보십니다.
초라한 머리털, 구슬로 만든 목걸이조차
아름답고 존귀한 바로의 준마로 표현하십니다.

주님! 죄인 된 자가 하나님의 자녀가 되는 구원은 값진 보화임을 선포합니다.
주님의 사랑이 아니고서는 이런 존귀한 자리에 어찌 앉을 수 있을까요.
주님이 귀한 자리 내어 주시고
죄인 된 우리를 보고 감탄하시는 그 귀한 주님의 사랑, 놓치지 않게 하소서.

주님! 주님의 사랑을 놓치지 않는 것이 신앙 승리요, 기쁨입니다.
그 빛나는 영광의 기쁨은 주님의 기쁨입니다.

그런 우리를 주님은
바로의 준마같이 용기 있고 멋있다고 말씀하시고
아름다운 승리자의 모습으로 하나님 앞에 서게 하십니다.
여호와 닛시의 하나님(출 17:15)
승리의 하나님이 날마다 우리를 도우심에 어떠한 두려움도 없습니다.

11. 우리가 너를 위하여 금 사슬에 은을 박아 만들리라 (솔)
　　　술람미 여인을 신부로 맞이하고자 솔로몬이 그녀를 기쁘게 하기
　　　위해 귀중한 보석과 장식품을 선사하겠다는 약속.

신부의 자리에 오른 자
주님은 온갖 값진 것으로 신부의 옷을 만들어 주십니다.
주님의 사랑과 헌신으로 신부는 더욱 아름답고 존귀합니다.

구원의 값진 보화를 가진 자에게 주는 하나님의 선물.

주님! 이 땅에서 구원을 받은 자로 살아가는 것이
얼마나 귀하고 값진 것인지요.
날마다 구원을 이루어 가는 사명을 다하게 하소서.

주님!
우리가 이 땅에서 신부 된 사명을 다하는 모습은

금 사슬에 은을 박아 만든 금 면류관입니다.
이 면류관이 우리 앞에 있음에
천사들의 합창이 우리에게 용기를 더해 줍니다.

우리에게 금 면류관을 씌워 주시기 위해
주님이 이 땅에서 가시면류관(막 15:17)을 기꺼이 쓰셨습니다.

영원히 죽을 수밖에 없는 우리를 살리신 주님께
영광의 금 면류관(계 4:4)을 다시 씌워 드리기 원합니다.

12. 왕이 침상에 앉았을 때에 나의 나도 기름이 향기를 뿜어냈구나 (술)
    사랑하는 자와 아무런 거리낌 없이 친밀한 교제를 나누는
    술람미 여인.

친밀함으로 다가오시는 주님!
주님과 마주하는 나의 삶!
그분 앞에서 나는 스스럼없이 죄인임을 눈물로 고백합니다.

거짓 없는 고백.
죄인임을 망설임 없이 토해내는 상한 심령.
나의 이 모습을 하나님은 향기라고 표현해 주십니다.

주님! 거룩한 향기를 내 심령에서 날마다 쏟아내게 하소서.

"만일 우리가 우리 죄를 자백하면 그는 미쁘시고 의로우사 우리 죄를 사하시며 우리를 모든 불의에서 깨끗하게 하실 것이요"(요일 1:9).

내가 죄인임을 자백할 때 주님은 향기 되어 내 마음을 가득 채웁니다.

13. 나의 사랑하는 자는 내 품 가운데 몰약 향주머니요 (솔)
14. 나의 사랑하는 자는 내게 엔게디 포도원의 고벨화 송이로구나
(술)

솔로몬의 마음속엔 술람미 여인이 보화처럼 있고, 그런 솔로몬을
존경하는 술람미 여인.

주님의 심령에 내가 있음을 감사합니다.
그런 죄인을 신부의 자리에 있게 하신 하나님을
고벨화 송이처럼 존귀하게 여기고 존경합니다.

주님의 귀한 사랑, 말로 다 형용할 수 없습니다.

용서받은 죄인 된 나는
주님 품에 몰약 향낭처럼 존귀한 자 되어 진정한 안식을 누립니다.
주님의 자녀들만이 누리는 가장 값진 보화, 평강의 복!

"평안을 너희에게 끼치노니 곧 나의 평안을 너희에게 주노라 내가 너희에게 주는 것은 세상이 주는 것과 같지 아니하니라 너희는 마음에 근심하지도 말고 두려워하지도 말라"(요 14:27).

주님! 이 평안의 복을 사탄에게 빼앗기지 않도록
날마다 내 심령에 파수꾼을 세워 주소서.
오직 내 심령은 세상이 줄 수 없는 그리스도의 평안으로 가득 채워져 있게 하소서.

15. 내 사랑아 너는 어여쁘고 어여쁘다 네 눈이 비둘기 같구나 (솔)
  술람미 여인의 아름다움에 대한 솔로몬의 사랑의 반복된
  사랑의 고백.

주님 한 분만의 사랑을 참사랑으로 여기는 술람미 여인에게
주님은 '비둘기처럼 순결(마 10:16)하고 온유하다'라고 말합니다.

주님! 주님 한 분만의 사랑으로도 넘치고 넘칩니다.
주님의 사랑을 날마다 갈망하는 자 되게 하소서.

주님의 사랑을 아는 자
주님의 사랑을 가진 자
주님의 사랑을 보는 자

그런 나에게 하나님은
너는 어여쁘고 어여쁘다
네 눈이 비둘기 같구나
라고 인정해 주시는 주님의 마음을 봅니다.

선하시고 아름다우신 주님!

내 심령이 세상 욕심으로 가득 차지 않게 하소서.
아름다우신 주님으로 가득 채우게 하소서.

16. 나의 사랑하는 자야 너는 어여쁘고 화창하다 우리의 침상은 푸르고 (술)
    술람미 여인의 순결한 아름다움을 칭찬했던 솔로몬의 노래에 대한 그녀의 화답송.

구원받은 하나님의 자녀를 존귀히 여기시고 최상의 언어(비둘기)로 표현해 주시는 주님은
풍성함(어여쁘고 화창함)을 가진 사랑입니다.
그런 주님과의 만남은 푸른 침상처럼 안전하고 평안합니다.
내가 주님 안에 거하고
주님이 내 안에 거하는(요 15:7) 거룩한 심령
이 심령이 병들지 않도록
이 심령이 더럽히지 않도록

변함없는 주님 앞에
내 심령이 변질되지 않도록 날마다 거룩한 침상으로 올려드리기 원합니다.
주님!
나의 삶이 주님의 감탄이기 원합니다.
저에게 날마다 새 영을 부어 주소서.
묵은 감정과 잘못된 삶을 다 벗어 버리고 거룩한 신부의 삶을 살게 하소서.
주님과의 만남에 어떤 의심도 없게 하소서.
주님과의 만남에 거짓과 외식도 없게 하소서.
오직 성결한 신부로만 나아가게 하소서.

17. 우리 집은 백향목 들보, 잣나무 서까래로구나 (술)
솔로몬과 술람미 여인의 사랑이 매우 깊고 견고함을 표현함.

구원받은 신부는 어떠한 상황에서도 흔들리지 않는다는
술람미 여인의 고백이 우리의 고백이 되기 원합니다.

"왕이 여호와를 의지하오니 지존하신 이의 인자함으로 흔들리지 아니하리이다"(시 21:7).

주님과 함께하는 나의 심령은 백향목 들보로, 잣나무 서까래로 만들어 어떠한 상황에도 흔들리지 않는 탄탄한 심령으로 올려드리기 원합니다.

하나님이 거하는 처소는 어떠한 상황에도 흔들리지 않는 요새입니다.

사탄이 그 처소를 탐하지 않도록 내 심령을 굳건히 지키게 하소서.

주님!

주님과 함께한 사랑은 흔들리지 않는 영원한 사랑임을 선포합니다.

저는 시골 어촌에서 자라 많은 추억을 가지고 있습니다.

그중에서 어렸을 때 누군가의 전도로 예수님을 믿게 되었습니다.

아주 어린 나이지만 예수님을 믿으면 천국에 간다는 말에 예수님을 사모하는 믿음이 생겼습니다. 작은 씨앗 같은 믿음이 내 삶을 인도하는 생명 씨앗이었습니다.

사모하는 믿음

왕을 향한 술람미 여인의 사모함.
내게 입맞추기를 원하니
네 사랑이 포도주보다 나음이로구나.

우리가 주님께 사모하는 믿음을 올려드릴 때
주님이 기뻐하는 모습이 보이지 않나요.
큰소리를 내지 않아도
아름다운 미사여구를 사용하지 않아도
주님은 나의 주, 나의 하나님이십니다.
이 고백 한마디에 주님은 마음 설레고 있다는 것을….

결국 내가 주님을 사모하는 것보다
주님이 나를 더 사모하고 있다는 사실 앞에 겸손히 무릎 꿇습니다.

오늘도 나를 향해 설레고 계시는 주님의 마음이
내 심령에 가득 채워집니다.

신부의 고백

〈아가서〉 마지막 신부의 고백

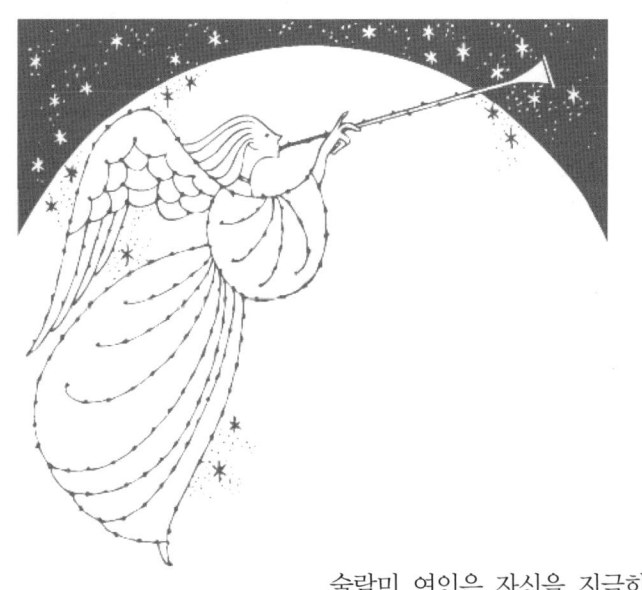

2장

숲 보기

술람미 여인은 자신을 지극히 수수하고 평범함을
수선화와 백합화로 표현하며
왕은 그런 술람미 여인에게 다른 여인들보다
더 고귀한 자임을
가시나무에 핀 백합화로 표현합니다.
변함없는 왕의 사랑 고백을 들은 술람미 여인은
참 기쁨과 평안을 얻고
그와의 사랑으로 열병이 났다고 표현하며
이 사랑이 지속되길 염원합니다.

솔로몬 왕 또한 그 사랑을 이루기 위해 신부의 마음을 엿보며
나의 사랑 어여쁜 자야 함께 가자
겨울도 지나고 비도 그쳤고 지면에는 꽃이 피고…
나의 사랑 나의 어여쁜 자야 일어나서 함께 가자.
왕은 술람미 여인에게 어려운 시기는 다 지났으니
나와 행복한 삶을 살자고 사랑의 청혼을 합니다.

포도원을 허는 작은 여우를 잡으라
우리의 포도원에 꽃이 피었음이니라.
술람미 여인은 왕과의 사랑이 단절될까 봐 두려워하는 마음을 보이기도
합니다. 하지만 변함없는 왕의 사랑에 술람미 여인은
'내 사랑하는 자는 내게 속하였고 나는 그에게 속하였도다.
그가 백합화 가운데 양떼를 먹이는구나.'라는
믿음의 고백을 올려드리며
자신이 왕에게 특별한 사랑을 받고 있다고

아가서 2장에서는 두 사람의 친밀한 사랑을
세밀하고 친근감 있게 표현하고 있습니다.

2장 친밀한 믿음

나의 신앙고백에
주님은 부드럽고 친밀함으로 다가오십니다.

나의 어여쁜 자야
일어나서 함께 가자.

나로 네 얼굴을 보게 하라.
네 소리를 듣게 하라.

네 소리는 부드럽고
네 얼굴은 아름답구나.

주님이 이 보잘것없는 자에게

나의 어여쁜 자야
나의 어여쁜 자야

나의 모든 것이 아름답고 보기 원하시는 주님의 마음

오늘도 친밀하고 달콤한 주님의 세미한 음성이
내 심령에 가득 채워집니다.

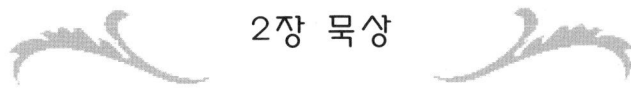
2장 묵상

1. 나는 사론의 수선화요 골짜기의 백합화로다 (술)
   술람미 여인은 지극히 수수하고 평범함을 수선화와 백합화로 자신을 비유.

   주님 앞에 우리는 끝까지 겸손해야 합니다.
   왕 되신 주님은 겸손으로 십자가 사랑을 완성시켰습니다.
   주님의 그 겸손이 나를 신부의 자리로 이끌어 주셨습니다.
   주님의 넘치는 사랑
   말로 다 형용할 수 없습니다.

   "자기를 낮추시고 죽기까지 복종하셨으니 곧 십자가에서 죽으심이라"(빌 2:8).

   값없이 구원받은 하나님의 자녀는 겸손이 생명입니다.

   주님! 겸손하고 아름다운 주님의 신부가 되게 하소서.

2. 여자들 중에 내 사랑은 가시나무 가운데 백합화 같도다 (솔)
   솔로몬은 술람미 여인이 뭇 여인들보다 더욱 고귀한 자임을 가시나무 가운데 핀 백합화로 표현.

나의 신부 된 너의 모습은 뭇 여인들보다 고귀하고 아름답구나.
주님! 주님의 신부 된 나는 신랑 한 분만 바라보는 순결함과 겸손함을 주소서.
교만함으로 버린 바 되지 않도록 날마다 겸손의 옷을 입게 하소서.

주님은 나뿐만 아니라 주님을 사랑하는 많은 사람들에게
가시밭에 백합화 태워 향기 되어 주십니다.

그것은 죽음을 이기신 십자가의 향기입니다.
다 없어지고 시들어도 백합화는 영원한 꽃과 향기 되어 우리에게 선물로 주셨습니다.
가시밭의 백합화는 꽃 중의 꽃입니다.

"우리는 구원받은 자들에게나 망하는 자들에게나 하나님 앞에서 그리스도의 향기니"(고후 2:15).

주님! 백합화 같은 향기 나는 삶을 살게 하소서.
주님이 원하시는 곳에 날마다 예수 향기 날리며 살게 하소서.
그 순종의 향기가 주님의 기쁨과 만족임을 알게 하소서.

3. 남자들 중에 나의 사랑하는 자는 수풀 가운데 사과나무 같구나
   내가 그 그늘에 앉아서 심히 기뻐하였고 그 열매는 내 입에 달았도다 (술)

자신의 아름다움을 칭찬했던 솔로몬에 대한 술람미 여인의 화답송과 솔로몬의 사랑과 보호 속에서 기쁨과 평안을 누리는 술람미 여인의 모습.

나의 영원한 구원자!
주님은 나의 한 분밖에 없는 구원자이시요,
생명 양식을 주시는 참 하나님이십니다.

"우리 생명이신 그리스도께서 나타나실 그때에 너희도 그와 함께 영광 중에 나타나리라"(골 3:4).

그 생명 양식으로 인해 날마다 내 영혼이 소생되고 천국의 기쁨을 누립니다.
주님의 위엄과 사랑, 존귀
어찌 이 땅에서 다 표현할 수 있을까요.
참 생명이신 주님 앞에 내 영혼을 맡깁니다.

나의 영혼을 책임지시는 주님은 영원한 나의 기쁨입니다.
주님! 주님이 주시는 참 기쁨이 내 영혼 가득 채우심을 감사드립니다.
주님은 나의 영혼을 영원히 책임지시는 분이십니다.

4. 그가 나를 인도하여 잔칫집에 들어갔으니 그 사랑은 내 위에 깃발이로구나 (술)

술람미 여인에게 기쁨과 만족을 주기 위해 애쓰는 솔로몬의 자상한 사랑을 강조한 표현.

주님은 혼인 잔치가 있는 천국으로 나를 이끄십니다.
주님의 사랑은 변함없는 사랑으로 죄인 된 나에게
승리의 기를 꽂아 천국 백성임을
다시 한 번 그 사랑을 확인합니다.

아름다운 신부에게 기쁨을 주고픈 아버지의 마음을 봅니다.
주님! 혼인잔치에 들어갈 예복(마 22:11)을 준비하는 신부 되게 하소서.
거룩하고 성결하고 깨끗한 신부의 예복을 입게 하소서.

오늘도 구원의 문 활짝 열어 놓고 누구든지 그 문에 들어오는 자들에게
승리의 기를 꽂고 기뻐하시는 주님의 모습을 그려 봅니다.

주님! 승리의 기 꽂은 자로 날마다 환호성 치며 살아가게 하소서.

5. 너희는 건포도로 내 힘을 돕고 사과로 나를 시원하게 하라 내가 사랑하므로 병이 생겼음이라 (술)
솔로몬과 사랑에 빠져 오직 그만을 생각하는 술람미 여인의 심정과
솔로몬을 향한 사모의 정이 너무 깊어 병이 났다고 표현.

주님의 그 사랑과 그 은혜, 어찌 말로 다 할 수 있겠습니까.
그 은혜를 사모합니다.
그 사랑을 날마다 기억하기 원합니다.
하나님이 죄인 된 나를 먼저 사랑하심(요 15:16)이 부끄럽습니다.

내가 더 주님을 사랑하고 사랑하기 원합니다.
진정한 사랑을 알고 받은 자가 하나님을 더 사랑하는 것이 마땅합니다.

주님! 그 사랑을 주님께 다 드리지 못하고 표현하지 못하는 저를 용서하옵소서.
주님을 사랑함으로 병이 나게 하옵소서.

6. 그가 왼팔로 내 머리를 고이고 오른팔로 나를 안는구나 (술)
    솔로몬의 손길 하나하나에 의미를 두고 행복해하는 술람미 여인

나의 눈물 어린 고백이 주님의 만족이 되어 주님의 영을 나에게 듬뿍 부어 주셨습니다.
포도나무와 가지처럼
그가 내 안에, 내가 그 안에 (요 15:5)
주님의 임재 안에서 그 사랑을 누립니다.

암탉이 병아리를 날개 아래 품듯이 품어주시는 주님의 품속에

서, 오늘도 참 쉼과 안식을 누리며 그 사랑에 감격의 눈물이 내 영을 적십니다.

주님! 주님의 완벽한 그 사랑에
날마다 감격의 눈물 흘리는 자가 되게 하소서.

7. 예루살렘 딸들아 내가 노루와 들사슴을 두고 너희에게 부탁한다 내 사랑이 원하기 전에는 흔들지 말고 깨우지 말지니라 (술)
    술람미 여인은 솔로몬과의 사랑이 영원히 지속되기를 염원하는 애틋한 심정을 표현함.

주님의 참사랑을 잃어버릴까 봐
겁 많은 노루와 들사슴 같은 저를 안으시는 주님의 손길!
주님의 임재 안에서 평안을 누리고 있는 나의 모습은 천국입니다.

"볼지어다 내가 세상 끝날까지 너희와 항상 함께 있으리라"(마 28:20).

함께하시는 하나님!
주님의 사랑 흔들 자 없게 하소서.
주님의 사랑 깨울 자 없게 하소서.

주님은 참 평안이요, 안식입니다.
세상이 줄 수 없는 평안함.

오늘도 내 심령 안에 가득 채우시는 주님은 참사랑이십니다.

8. 내 사랑하는 자의 목소리로구나 보라 그가 산에서 달리고 작은
   산을 빨리 넘어오는구나 (술)
   온갖 어려움에도 굴하지 않고 술람미 여인을 찾아오는 솔로몬의
   모습과 그를 애타게 기다리는 술람미 여인의 모습.

신랑 되신 주님은 그 무거운 십자가를 지고
그 신부를 보고자
산에서 달리고 산을 빨리 넘어 신부 된 나에게 자신의 신분을
밝히며 다가오십니다.
주님의 시선은 항상 신부에게 있습니다.

그가 가는 길에 어떠한 장애물도 주님은 허용하지 않습니다.

주님은 우리를 만나고 싶어서 빨리 달리고 싶은데
나의 발걸음은 세상에 머물러서 주님께 달려가지 못함을 용서
하소서.
주님! 세상에 머물고 있는 나의 발이 신랑을 자랑하며
  달려가는 발이 되게 하소서.

"오직 성령이 너희에게 임하시면 너희가 권능을 받고 예루살렘과 온
유대와 사마리아와 땅끝까지 이르러 내 증인이 되리라 하시니라"(행 1:8).

9. 내 사랑하는 자는 노루와도 같고 어린 사슴과도 같아서 우리 벽 뒤에 서서 창으로 들여다보며 창살 틈으로 엿보는구나 (술)
　　술람미 여인을 애정 어린 눈빛으로 바라보는 솔로몬의 모습을 나타내는 비유.

　신부를 보고 싶어 하는 주님의 마음!
　그 마음을 신부에게 보여 주고픈 아버지의 사랑!

　신랑을 맞이할 나의 마음을 알고자
　주님은 창살 틈으로 나의 마음을 엿보고 계십니다.
　날마다 내 마음을 보고 마음 졸이시는 주님의 마음이 느껴집니다.

　주님! 내 심령이 어떠한 상황 속에서도 흔들리지 않게 하소서.
　언제든지 주님을 맞이할 만한 심령이 되게 하소서.

　　"네 마음을 지키라 생명의 근원이 이에서 남이라"(잠 4:23).

　주님! 주님이 내 마음을 어느 때 열어 보아도
　그 안에는 여전히 주님을 향한 그리움으로 가득 채워져 있게 하소서.

10. 나의 사랑하는 자가 내게 말하여 이르기를 나의 사랑, 내 어여쁜 자야 일어나서 함께 가자 (솔)
　　신부와 재회한 자리에서 자신의 사랑을 고백하고 청혼하는 내용.

신랑을 날마다 그리워하는 신부에게 주님이 고백을 합니다.

나의 사랑! 나의 어여쁜 자야 일어나서 함께 가자.

주님의 청혼이 신부를 더욱 기쁘게 합니다.

나의 사랑! 나의 어여쁜 자야 일어나 함께 가자.

주님이 열어 놓으신 구원의 길
그 구원의 길
내가 열어 놨지만 너희가 믿을 때 완성이란다.
함께 구원의 길을 가자.

항상 우리와 함께 있고 싶어 하시는 아버지 하나님의 마음
주님! 구원의 길, 수많은 사람들이 믿게 하소서.
하나님을 사랑하는 수많은 신부들의 행진을 보기 원합니다.

나의 사랑, 나의 어여쁜 자야
나를 향한 주님의 사랑의 언어.

주님! 감사합니다.
"어여쁜 자야"라고 말씀하시니 내가 더욱 존귀히 여겨집니다.

"너희는 그리스도의 것이요 그리스도는 하나님의 것이니라"(고전

3:23).

11. 겨울도 지나고 비도 그쳤고
12. 지면에는 꽃이 피고 새의 노래할 때가 이르렀는데 비둘기의 소리가 우리 땅에 들리는구나 (솔)
    사모하다가 병이 걸릴 정도로 힘든 계절은 가고, 이제 다시 만나
    새롭게 사랑할 수 있는 계절이 옴.

신부를 만나고픈 주님의 기다림의 세월
신랑을 기다리는 신부의 모진 세월
그 긴 겨울이 지나고 꽃피는 봄에 설렘 가득한 신랑과 신부의 만남

주님과 함께하는 이 시간도 내 인생의 봄입니다.
다시 오실 주님과 만남도 더 설레는 봄이 되길 기도합니다.

"하늘로 올려지신 이 예수는 하늘로 가심을 본 그대로 오시리라 하였느니라"(행 1:11b).

13. 무화과나무에는 푸른 열매가 익었고 포도나무는 꽃을 피워 향기를 토하는구나 나의 사랑, 나의 어여쁜 자야 일어나서 함께 가자 (솔)
    어려운 시기는 다 지나고 풍요롭고 행복한 삶을 암시.

주님과 함께하는 삶은 부족함이 없는 행복한 삶입니다.
그 삶은 신부 된 자들이 누리는 권리입니다.
주님은 오늘도 신부 된 자들에게 말합니다.

"구하라 그리하면 너희에게 주실 것이요
찾으라 그리하면 찾아낼 것이요
문을 두드리라 그리하면 너희에게 열릴 것이니"(마 7:7).

나와 함께하시는 하나님은 응답의 하나님이십니다.
주님과 함께하는 삶은 두려움이 없습니다.
신부를 끝까지 책임지시겠다는 주님의 마음이 내 심령에 가득 차오릅니다.

14. 바위틈 낭떠러지 은밀한 곳에 있는 나의 비둘기야 내가 네 얼굴을 보게 하라 네 소리를 듣게 하라 네 소리는 부드럽고 네 얼굴은 아름답구나 (솔)
    힘든 상황 속에서도 흔들리지 않는 신부의 정숙함과 순결함을 강조.

신랑 되신 주님은 수줍어하는 신부에게
"네 얼굴을 보게 하라. 네 소리를 듣게 하라.
네 소리는 부드럽고 네 얼굴은 아름답구나."라고 신부의 아름다움을 강조합니다.

바위틈 낭떠러지 은밀한 삶 가운데서 아름다운 신부의 발견은 너무나 귀한 진주의 발견입니다.

주님의 신부는 외적인 아름다움이 아니라
힘든 환경에서도 신랑 한 분만을 기다리는 영적 정절을 지키는 자입니다.

그가 말하는 소리, 수줍어하는 얼굴
하나님께서는 아름다운 신부라고 칭합니다.

흙 속에서 진주를 찾듯
신랑 되신 나의 주님은 참 신부를 오늘도 찾고 계십니다.

"주는 그리스도시요 살아 계신 하나님의 아들이시니이다"(막 16:16).
어떠한 상황 속에서도 흔들리지 않기 원합니다.
변질되지 않기 원합니다.
변함없는 참 신앙고백으로 주님이 찾으시는 신부 되게 하소서.

15. 우리를 위하여 여우 곧 포도원을 허는 작은 여우를 잡으라 우리의 포도원에 꽃이 피었음이라 (술)
  둘 사이에 사랑이 단절되는 것에 대한 두려움과 두 사람의 사랑이 지속되길 바라는 신부의 간절한 마음.

신랑 되신 주님과 함께하는 완벽한 사랑

악한 사탄은 언제든지 그 사랑을 지속하지 못하도록 방해하려고 합니다.

주님! 주님과 함께하는 나의 포도원을 사탄이 틈타지 못하도록 날마다 경계합니다.

포도원은 나의 구원자와의 만남의 장소요,
하나님을 사랑하는 자들의 공간입니다.
사탄의 그림자로 두려워하지 않게 하소서.

"마귀에게 틈을 주지 말라"(엡 4:27).

주님! 내 안과 밖에 작은 여우가 틈타지 못하도록 날마다 영적으로 경계하게 하소서.

16. 내 사랑하는 자는 내게 속하였고 나는 그에게 속하였도다 그가 백합화 가운데에서 양 떼를 먹이는구나 (술)
  - 두 사람의 성숙된 사랑에는 즐거움과 기쁨이 있음.

성숙한 신부와 그리스도와의 만남!

그가 내 안에, 내가 그 안에 거하는 삶이 얼마나 감사한지요.
주야로 보호하시고, 먹이시고
그와 함께 거하는 삶은 무조건 은혜입니다.

주님! 지금도 주님이 나와 함께하는 이 시간이 천국입니다.
나를 끝까지 보호하시는 하나님
그 하나님은 나의 아버지이십니다.

"너희가 내 안에 거하고 내 말이 너희 안에 거하면 무엇이든지 원하는 대로 구하라 그리하면 이루리라"(요 15:7).

17. 내 사랑하는 자야 날이 저물고 그림자가 사라지기 전에 돌아와서 베데르 산의 노루와 어린 사슴 같을지라 (술)
   소중한 신랑의 존재를 확인하며 신랑으로부터 특별한 사랑을 받고 있다는 신부의 고백.

   험준한 베데르 산의 노루와 어린 사슴이 그곳에서 서식하며 안식을 얻은 것처럼
   참 신부를 구한 주님은 그곳이 어떠하든 신부가 있는 곳이면 안식처입니다.

   주님을 만날 우리는 조건을 말하지 않게 하소서.
   어떠한 환경 속에서도 구원자 주님이 내 안에 가득 있게 하소서.

   "나를 눈동자같이 지키시고 주의 날개 아래에 감추사"(시 17:8).

   나를 사랑하는 주님

내 인생의 그림자가 없어지기까지 저의 보호자가 되어 주소서.
혹시 내가 잘못 가는 삶을 살았을 때에도 다시 한 번
그 사랑으로 나를 보호하시고 인도해 주소서.

주님! 주님은 믿는데 제 자신을 믿지 못해 두렵습니다.
주님! 끝까지 지켜주소서. 끝까지 보호해 주소서.
주님의 안식에서 벗어나지 않게 하소서.

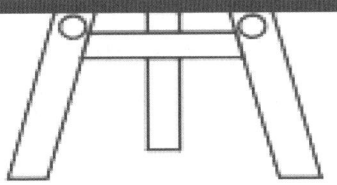

제가 언제 주님과 가장 친밀함을 누릴 때인가 생각해 보니, 힘들고 어려울 때 주님과 친밀감을 누렸던 것 같습니다. 주님은 우리의 해결자로 위로자로 항상 변함없이 계시는 하나님이십니다.

내 삶의 지지자인 주님이 계시기에 두려움과 염려가 내 안에 뿌리 내리지 않습니다.

친밀한 믿음

나의 사랑, 나의 어여쁜 자야
일어나서 함께 가자.

하나님은 우리와 아주 가까이하고 싶으신 분입니다.
내가 그 안에 그가 내 안에

뗄 수 없는 친밀함을 누리는 우리의 모습은
자녀들만이 가지는 특권입니다.

하나님과 친밀함을 누리는 우리는
세상과 짝할 수 없는 거룩한 존재입니다.

친밀함의 목적은
하나님 사랑을 배우고 누리는 것입니다.

하나님의 마음, 하나님의 뜻, 하나님의 나라가
이미 내 작은 심령을 가득 채웁니다.

친밀함으로 다가오시는 주님
주님은 나와 끊을 수 없는 영원한 사랑입니다.

# 신부의 고백

3장

숲 보기

귀하고 아름다운 사랑을 받는 술람미 여인.
혼인을 앞둔 신부의 불안한 마음에 신랑을 찾아 헤매는 꿈을 통해
왕의 사랑을 놓치고 싶지 않은 신부의 마음을 보여 줍니다.

신부를 태우고 왕궁까지 갈 왕의 마차가 등장하고
지고지순한 사랑을 나누었던 두 사람은
온 세상의 축복 속에 결혼식을 올리게 됩니다.

솔로몬 왕이 레바논 나무로 자기의 가마를 만들었는데
그 기둥은 은이요, 바닥은 금이요, 자리는 자색 깔개라.
그 안에는 예루살렘 딸들의 사랑이 엮어져 있구나.
솔로몬 왕이 말할 수 없이 화려하고 값진 마차에
술람미 여인을 태워 왕궁까지 인도합니다.

한 점 부족함이 없는 멋진 왕은
3장에서 조건 없는 사랑으로 신부를 맞이하며
하나 된 사랑을 완벽하게 보여 주고 있습니다.

3장
하나 된 믿음

주님과 친밀함을 나눈 우리의 자리는
신부의 자리입니다.

솔로몬 왕이 레바논 나무로
자기의 가마를 만들었는데
그 기둥은 은이요
바닥은 금이요
자리는 자색 담이라.

우리 앞에 놓여 있는 혼인 마차가
너무나 아름답습니다.

주님이 만들어 주신 이 혼인마차의 주인공은
바로 우리입니다.

3장 묵상

1. 내가 밤에 침상에서 마음으로 사랑하는 자를 찾았노라 찾아도 찾아내지 못하였노라
2. 이에 내가 일어나서 성 안을 돌아다니며 마음에 사랑하는 자를 거리에서나 큰 길에서나 찾으리라 하고 찾으나 만나지 못하였노라
3. 성 안을 순찰하는 자들을 만나서 묻기를 내 마음으로 사랑하는 자를 너희가 보았느냐 하고   (술)

　　혼인을 앞둔 신부의 불안한 마음, 꿈속에서라도 사랑하는 자를 찾기
　위해 애쓰는 모습.

　주님! 제가 미련하여 주님을 잃어버리지 않게 하소서.
　꿈속에서라도 주님을 잃어버리지 않게 하소서.
　주님과 함께하지 않는 삶은 영원한 죽음입니다.
　주님! 주님의 사랑은 나의 생명입니다.
　변함없는 그 사랑을 알기에 그 사랑을 잃어버리지 않으려고
　많은 사람들 앞에서 그 사랑을 자랑하며 선포하게 하소서.

　"천국은 마치 밭에 감추인 보화와 같으니 사람이 이를 발견한 후 숨겨두고 기뻐하며 돌아가서 자기의 소유를 다 팔아 사느니라"(마 13:44).

　주님! 가장 값진 보화이신 예수님을 잃어버리지 않도록 날마다 깨어 있게 하소서.

주님은 내 인생의 참 보화이십니다.

4. 그들을 지나치자마자 마음에 사랑하는 자를 만나서 그를 붙잡고 내 어머니 집으로, 나를 잉태한 이의 방으로 가기까지 놓지 아니하였노라 (솔)
   비록 꿈속이었지만 사랑하는 자를 만나기 위해 갖은 노력을 다 기울였던 술람미 여인의 소망이 마침내 실현되는 장면.

죽음을 넘어 생명으로 다가온 참사랑을
놓치고 싶지 않습니다.

주님! 내 영이 생명의 주님을 날마다 갈급하게 찾게 하소서.
주님과 하나 됨이 영원한 사랑으로 남게 하소서.

"만일 우리가 그의 죽으심과 같은 모양으로 연합한 자가 되었으면 또한 그의 부활과 같은 모양으로 연합한 자도 되리라"(롬 6:5).

5. 예루살렘 딸들아 내가 노루와 들사슴을 두고 너희에게 부탁한다 사랑하는 자가 원하기 전에는 흔들지 말고 깨우지 말지니라 (술)
   두 사람의 사랑이 어떠한 것으로도 방해받지 않고 오랫동안 지속되기를 바라는 마음.

주님 안에 진정한 사랑을 맛본 신부 된 나는

주님의 품속을 더 파고듭니다.
그리고 이 사랑이 깨어지지 않도록 세상의 유혹을 이깁니다.
주님! 주님 품 안에 참 안식과 쉼이 있음을 고백합니다.
주님! 어떠한 상황에서도 주님이 주시는 참 평안을 잃어버리지 않도록 깨어 있게 하소서.

"높음이나 깊음이나 다른 어떤 피조물이라도 우리를 우리 주 그리스도 예수 안에 있는 하나님의 사랑에서 끊을 수 없으리라"(롬 8:39).

6. 몰약과 유향과 상인의 여러 가지 향품으로 향내 풍기며 연기 기둥처럼 거친 들에서 오는 자가 누구인가
7. 볼지어다 솔로몬의 가마라 이스라엘 용사 중 육십 명이 둘러쌌는데
8. 다 칼을 잡고 싸움에 익숙한 사람들이라 밤의 두려움으로 말미암아 각기 허리에 칼을 찼느니라 (예)

지고지순한 사랑을 나누었던 두 연인이 마침내 온 세상의 축복 속에 결혼식을 올리며, 그 장엄하고도 즐거운 전경을 예루살렘 여인들의 합창을 빌려 묘사.

여러 가지 몰약과 유향, 향품으로 혼인예식의 완벽함을 더합니다.
완벽한 주님의 솜씨는 많은 사람들을 부러움을 자아냅니다.
사탄이 틈타지 못하도록 육십 인의 용사들의 호위를 받으며 나아가는 신부의 자리!
영광의 자리요, 승리의 자리입니다.

세상을 구원하기 위해 생명의 향기로 오신 주님.

용사의 칼로 주님과의 만남을 방해하는 장애물을 끊으소서.
신랑 되신 나의 주님은 나를 천국으로 이끄시기 위해
사탄의 방해를 뚫고 승리로 이끄십니다.

주님은 나의 방패시요, 요새이시기에 내 안에 두려움이 없습니다.
주님의 보호 안에 있는 신부는 진주보다 더 귀하고 아름답습니다.

"천사가 내게 말하기를 기록하라 어린양의 혼인잔치에 청함을 받은 자들은 복이 있도다 하고 또 내게 말하되 이것은 하나님의 참되신 말씀이라 하기로"(계 19:9).

9. 솔로몬 왕이 레바논 나무로 자기의 가마를 만들었는데
10. 그 기둥은 은이요 바닥은 금이요 자리는 자색 깔개라 그 안에는 예루살렘 딸들의 사랑이 엮어져 있구나 (예)
    솔로몬 왕이 말할 수 없이 화려하고 값진 마차에 술람미 여인을 태워 왕궁까지 인도.

신부를 태우기 위해 최고의 값진 가마를 손수 준비하신 주님
다시 오실 주님은 우리를 맞이하기 위해
아름다운 가마를 준비하시고
설렘으로 손꼽아 기다리시는 주님의 마음을 그립니다.

말로 형용할 수 없는 사랑
그 사랑을 아는 자

그 사랑을 믿는 자
모든 믿는 자에게 구원의 옷을 입히신 주님!
주님은 사랑이십니다.

주님께서 성도의 혼인예식에서 신부 된 우리를 얼마나 극진히 대하실지 기대됩니다.
날마다 구원마차를 기다리는 신부로 살게 하소서.

"그런즉 깨어 있으라 너희는 그날과 그때를 알지 못하느니라"(마 25:13).

11. 시온의 딸들아 나와서 솔로몬 왕을 보라 혼인날 마음이 기쁠 때에 그의 어머니가 씌운 왕관이 그 머리에 있구나 (예)
   신부를 맞이하는 신랑의 화려하고 멋진 외모를 부각시킴.

신부가 신부 될 수 있도록 길을 마련하신 주님은 승리의 주님이십니다.
그 주님이 나의 구원자이십니다.
주님! 예수님의 재림을 기다리는 자들의 함성이 들립니다.
나의 구원자 주님을 보라.

재림날
사탄의 방해를 뚫고 선 그는
생명의 면류관을 가진 구원자로

우리를 혼인잔치에 초대해 기쁨의 잔치를 베푸실 것이라고 선포하십니다.

주님! 혼인잔치 날에 많은 구원받은 수로
주님의 기쁜 함성을 더 크게 우렁차게 듣기 원합니다.
승리의 기쁨으로 환호성과 웃음 짓는 신랑 되신 멋진 우리 주님의 모습을 그려 봅니다.

"통치자들과 권세들을 무력화하여 드러내어 구경거리로 삼으시고 십자가로 그들을 이기셨느니라"(골 2:15).

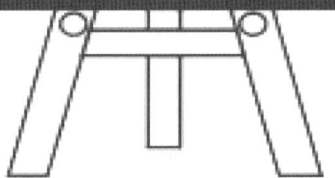

내 것을 포기할 때 주님과 하나 된 믿음입니다.
 내 인생에 몇 가지 힘든 결정이 있었는데 그것을 놓기 싫어 뒤돌아보고 때론 아쉬워하며…. 그래도 주님의 뜻대로 순종할 때 주님이 내 인생을 전적으로 책임져 주셨습니다.
 하나 된 믿음은 주님이 책임져 주시는 축복이었습니다.

하나 된 믿음

하나님은 우리와 친밀하고자 신부로 우리를 세우셨습니다.
신부는 신랑과 완벽한 하나를 이룰 때
믿음이란 단어를 완성시킵니다.

우리는 원래 하나였습니다.

주님은 신부와 하나의 영 안에서
주님의 뜻 이루며 기쁨을 누리고자 합니다.

오늘도 주님은
내 심령을 감찰하시며
아버지의 뜻을 신부를 통해 이루시기 원하십니다.

주님,
이 작은 자를 통해
날마다 주님의 뜻 이루는 거룩한 도구가 되게 하소서.

〈아가서〉 마지막 신부의 고백

신부의 고백

4장

숲 보기

신부를 맞이한 왕은 신부의 외모 하나하나를 생명력 넘치는 동물과
아름다운 색으로 표현하며 신부를 극찬합니다.

내 사랑 너는 어여쁘고도 어여쁘다. 너울 속에 있는 네 눈이 비둘기 같고
네 머리털은 길르앗 산기슭에 누운 무리 염소 떼 같구나.
네 이는 목욕장에서 나오는 털 깎인 암양 곧 새끼 없는 것은 하나도 없이
각각 쌍태를 낳은 양 같구나.
네 입술은 홍색 실 같고 네 입은 어여쁘고
너울 속의 네 뺨은 석류 한 쪽 같구나.

네 목은 무기를 두려고 건축한 다윗의 망대 곧 방패 천 개,
용사의 모든 방패가 달린 망대 같고
네 두 유방은 백합화 가운데서 꼴을 먹는 쌍태 어린 사슴 같구나.

내 누이 내 신부야, 네가 내 마음을 빼앗았구나….
내 누이 나의 신부야, 네 사랑이 어찌 그리 아름다운지….

내 누이, 내 신부는 잠근 동산이요, 덮은 우물이요, 봉한 샘이로구나.
네게서 나는 것은 석류나무와 각종 아름다운 과수와 고벨화와 나도풀과
나도와 번홍화와 창포와 계수와 각종 유향목과 몰약과 침향과
모든 귀한 향품이요,
너는 동산의 샘이요, 생수의 우물이요, 레바논에서부터 흐르는 시내로구나.

나의 사랑, 너는 순전히 어여뻐서 아무 흠이 없구나.
그리고 외모뿐만 아니라 성품 등 전인적인 아름다움에
이제는 신부를 떠나서는 살 수 없다는 왕의 솔직한 마음을
여러 비유로 드러내고 있습니다.

북풍아 일어나라 남풍아 오라, 나의 동산에 불어서 향기를 날리라.
나의 사랑하는 자가
그 동산에 들어가서 그 아름다운 열매 먹기를 원하노라.

이 작은 자를 사랑하는 신랑에게 신부는 나의 모든 것을
다 드리기 원한다는 고백.

신부의 내적·외적 아름다움에 감동하는 신랑의 고백.
신부를 떠나서는 살 수 없다는 왕의 그 고백에, 감동하는 신부의 고백이
아가서 4장을 가득 채웁니다.

4장 감동하는 믿음

신부의 아름다움에 신랑은 마음을 빼앗기고 맙니다.
신부의 모습 하나하나가 신랑에게 감동과 감격으로 다가와
신부를 떠나서는 살 수 없다는 신랑의 고백이 우리 마음을 적십니다.

내 사랑 너는 어여쁘고도 어여쁘다.
너울 속에 있는 네 눈이 비둘기 같고
네 머리털은 길르앗 산기슭에 누운 무리 염소 같구나.

나의 사랑 너는 순전히 어여뻐서 아무 흠이 없구나.
나의 누이, 나의 신부야 네가 내 마음을 빼앗았구나.

네 눈으로 한번 보는 것과 네 목의 구슬 한 꿰미로
내 마음을 빼앗았구나.
나의 누이 나의 신부야 네 사랑이 어찌 그리 아름다운지
네 사랑은 포도주에 지나고 네 기름의 향기는 각양 향품보다 승하구나.

내 신부야 네 입술에서는 꿀방울이 떨어지고
네 혀 밑에는 꿀과 젖이 있고
네 의복의 향기는 레바논의 향기 같구나.

아름다운 신부는
신랑의 고백을 소중히 여기며
그 말씀을 이루어 가는 삶입니다.

주님께 감동을 주기 위해
나 자신을 말씀 앞에 복종시키며 승리하고자 하는
몸부림이 날마다 있게 하소서.

4장 묵상

1. 내 사랑 너는 어여쁘고도 어여쁘다 너울 속에 있는 네 눈이 비둘기 같고 네 머리털은 길르앗 산기슭에 누운 염소 떼 같구나
2. 네 이는 목욕장에서 나오는 털 깎인 암양 곧 새끼 없는 것은 하나도 없이 각각 쌍태를 낳은 양 같구나
3. 네 입술은 홍색 실 같고 네 입은 어여쁘고 너울 속의 네 뺨은 석류 한 쪽 같구나 (솔)

  신부의 신체 각 부분을 적합한 비유로 신부를 향해 찬사를 보내는 신랑의 노래, 생명 넘치는 동물과 아름다운 색으로 신부의 아름다움을 극찬하신 주님의 마음.

주님은 사랑이십니다.
신부가 신랑을 기다림보다 신랑 되신 주님이 신부의 아름다움을 보고자 더 설레며 기다리는 마음.
주님은 변함없는 사랑이십니다.

이 시대에 신부 된 사명을 잘 드러내며
아름답게 감당하게 하소서.

하나님은 선한 싸움 잘 싸우고 구원의 반열에 선 우리의 모습을 보고 감탄하십니다.
네 눈은 비둘기 같네.

주님, 내 눈을 보호하소서. 안목의 정욕으로 가득 차지 않게 하소서.
진리의 도만 따라가게 하소서.

네 머리털은 길르앗 산기슭에 누운 염소
세상 지식으로 가득 찬 머리가 아니라 주님 나라, 주님의 뜻으로 가득 차
예수 향기 날리는 거룩한 삶 되게 하소서.

이는 목욕장에서 나온 털 깎인 암양
탄탄한 이, 깨끗한 이 되게 하소서.
딱딱한 그 어떤 것도 잘게 부수어서 소화해 낼 수 있는 굳건한 믿음을 더하소서.

입술은 홍색 실.
색이 바래지 않는 건강한 입술 되게 하소서.
세월이 흘러도 어떠한 상황에서도 흔들리지 않는 믿음의 고백을 하게 하소서.

입은 어여쁘다.
주님을 찬양하는 입으로, 복음을 전하는 입으로
날마다 신앙고백하는 입으로 사용하소서.
내 입이 병들지 않도록 날마다 파수꾼 세워 주소서.
뺨은 석류 한 쪽

주님 앞에서 날마다 설레고 부끄러워하는, 신랑을 기다리는 신
부처럼 살아가게 하소서.

창조의 기쁨을 누리시는 주님의 마음
우리를 만드시고 하나님 보시기에 심히 좋았더라(창 1:31).
그 함성이 내 심령에 울려 퍼집니다.

4. 네 목은 무기를 두려고 건축한 다윗의 망대 곧 방패 천 개, 용사
의 모든 방패가 달린 망대 같고
5. 네 두 유방은 백합화 가운데서 꼴을 먹는 쌍태 어린 사슴 같구나
(솔)

신부의 신체 각 부분을 적합한 비유로 신부를 향해 찬사를 보내는 신
랑의 노래.

아름다움을 얼굴에만 두지 않고
망대를 세워 자기 몸을 거룩하게 지키기 위해 노력하는 신부를
극찬하시는 주님
진정한 생명을 지닌 신부를 보며 감탄하시는 주님

주님은 여전히 그런 신부를 찾고 계십니다.

주님! 아름답고 용감한 신부가 되기 원합니다.
일천 방패, 다윗의 방패를 가진 자

사탄의 공격을 두려워하지 않고
생명력 넘치는 우리의 신앙생활이 향기 되어 주님의 만족이 됩니다.
승리하는 믿음, 세상을 이기는 믿음

주님! 용사의 믿음을 주소서.
용사의 믿음이 신부의 믿음입니다.

"무릇 하나님께로서 난 자마다 세상을 이기느니라 세상을 이긴 이김은 이것이니 우리의 믿음이니라"(요일 5:4).

6. 날이 저물고 그림자가 사라지기 전에 내가 몰약 산과 유향의 작은 산으로 가리라 (술)
　신부의 아름다움을 극찬했던 신랑의 노래에 대한 신부의 화답.

이 세상에서 나의 날이 기울고 있습니다.
두렵지 않습니다.
염려하지 않습니다.

이 땅에서 선한 싸움 다한 후
하나님이 계신 곳에서 사망을 이기신 주님을 만날 것입니다.
주님을 믿기에
주님이 계신 곳이 나의 영원한 안식처입니다.

내가 이 세상에서 숨 쉬고 있는 동안
주님께 날마다 화답의 삶을 살게 하소서.
내 입술의 찬양이 마르지 않게 하소서.
내 입술의 고백이 주님의 만족이 되게 하소서.

오늘도 내 작은 입술이 주님으로 인해 기쁨의 미소가 흘러넘치니 감사합니다.

"주는 그리스도시요 살아 계신 하나님의 아들이시니이다"(마 16:16 b).

7. 나의 사랑 너는 어여쁘고 아무 흠이 없구나 (솔)
술람미 여인의 외모와 성품 등 전인격에 대한 솔로몬의 총체적 평가.

술람미 여인을 향한 솔로몬 왕의 감탄이 내 마음을 적십니다.
주님은 영적으로 승리한 신부 된 우리를 높이고 더 사랑스러워 하십니다.
나의 사랑, 너는 순전히 어여뻐서 아무 흠도 없구나.

주님! 이 고백을 주님 오실 때까지 날마다 듣기 원합니다.
내 신앙이 점도 없고 흠도 없는 정금 같은 믿음으로 올려지기 원합니다.

"너희로 지극히 선한 것을 분별하며 또 진실하여 허물없이 그리스도의 날까지 이르고"(빌 1:10).

8. 내 신부야 너는 레바논에서부터 나와 함께하고 레바논에서부터 나와 함께 가자 아마나와 스닐과 헤르몬 꼭대기에서 사자 굴과 표범 산에서 내려오너라 (솔)
나의 신부라는 호칭으로 이제는 지난날의 거친 환경에서 벗어나
안전한 왕궁에서 나와 함께하자.

솔로몬 왕이 처음으로 술람미 여인에게 부르는 소리
나의 신부야~

어렵고 힘들었던 신부에게
나와 함께 레바논으로 가자.
주님의 완벽한 청혼이 우리의 가슴을 설레게 합니다.

주님이 우리에게 부르는 너무나 고귀한 단어
나의 신부야, 나와 함께하고 나와 함께 가자.

그 누구도 갈라놓지 못한 단어
나의 신부

나의 신부야

주님이 책임지시는 선포된 언어
주님, 감사합니다.
감히 죄인 된 내가 주님의 신부 됨을

거룩한 신부 된 내가 주님 한 분만 바라보고 일상의 어려움을 이기며 천국의 소망을 품습니다.
주님, 이 땅에서 주님의 신부로서 더럽히지 않고 거룩하게 성결하게 살겠습니다.

날마다 연합의 삶을 살겠습니다.
주님과 함께하고 주님과 함께 가는 매일의 삶을 올려드리기 원합니다.

"너희도 성령 안에서 하나님이 거하실 처소가 되기 위하여 그리스도 예수 안에서 함께 지어져 가느니라"(엡 2:22).

9. 내 누이, 내 신부야 네가 내 마음을 빼앗았구나 네 눈으로 한 번 보는 것과 네 목의 구슬 한 꿰미로 내 마음을 빼앗았구나 (솔)
신부의 아름다움에 이제는 신부를 떠나서는 살 수 없다는 신랑의 고백.

신부의 아름다움에 신랑은 마음을 빼앗기고 맙니다.
주님! 연약한 자인 우리도 주님의 마음을 빼앗는 감동의 삶을 살기 원합니다.

신앙의 아름다움을 잃지 않고 주님만 바라보는 나에게
주님은 나에게서 내 마음을 빼앗았구나.

주님!
주님이 내 맘에 오니 그것은 사랑입니다.
감사해요.
이 작은 자에게 창조자의 마음이 오게 함을.
기적 같은 삶, 주님의 은혜입니다.

"사람의 행위가 자기 보기에는 모두 정직하여도 여호와는 마음을 감찰하시느니라"(잠 21:2).

10. 내 누이, 내 신부야 네 사랑이 어찌 그리 아름다운지 네 사랑은
    포도주보다 진하고 네 기름의 향기는 각양 향품보다 향기롭구나
                                                            (솔)
    지난날 자신을 사랑한 신부의 지극한 사랑을 매우 귀하게 여겨 포도
    주와 기름으로 비유하고 있음.

신부의 아름다운 행실
주님 닮은 공의와 정의에 신랑은 신부에게 취하고 맙니다.
주님을 찾는 아름다운 마음, 아름다운 삶은
신랑 되신 주님을 더욱 기쁘게 합니다.

주님의 사랑은 변함없기에 저도 변함없이 그 사랑을 주님께 올려드리기 원합니다.

주님의 향기는 변함없기에 저도 변함없이 예수 향기 날리며 살겠습니다.

오늘도 주님을 찾고 있는 우리의 모습을 주님은 귀하고 아름답다고 표현해 주십니다.

"공의와 정의를 행하는 것은 제사 드리는 것보다 여호와께서 기쁘게 여기시느니라"(잠 21:3).

11. 내 신부야 네 입술에서는 꿀방울이 떨어지고 네 혀 밑에는 꿀과 젖이 있고 네 의복의 향기는 레바논의 향기 같구나 (솔)
    술람미 여인의 말 한마디 한마디는 지극히 탁월하여 솔로몬 자신과 아울러 술람미 여인을 지켜보는 다른 사람에게도 모범이 됨.

신부의 아름다운 말에 신랑은 레바논의 향기로 표현합니다.
우리의 신앙고백이 천국의 향기로 주님께 나아갑니다.

변질되지 않는 신앙고백
끊이지 않는 신앙고백
변함없는 신앙고백
그 고백이 향기 되어 주님 보좌로 올라갑니다.
신랑 되신 주님 한 분 바라보며 사는 이 땅에서의 삶.

순전하고 어진 여자의 삶입니다.

"어진 여인은 그 지아비의 면류관이나 욕을 끼치는 여인은 그 지아비의 뼈가 썩음 같게 하느니라"(잠 12:4).

12. 내 누이, 내 신부는 잠근 동산이요 덮은 우물이요 봉한 샘이로구나
13. 네게서 나는 것은 석류나무와 각종 아름다운 과수와 고벨화와 나도풀과
14. 나도와 번홍화와 창포와 계수와 각종 유향목과 몰약과 침향과 모든 귀한 향품이요
15. 너는 동산의 샘이요 생수의 우물이요 레바논에서부터 흐르는 시내로구나 (솔)
신부의 내적·외적 아름다움과 순결 및 정조 강조, 신부로 인한 풍요로움과 윤택한 삶.

주님의 신부는
잠근 동산, 덮은 우물, 봉한 샘
생명을 품은 자, 생명수를 가진 자
그 생수로 과실과 꽃을 피우며 향기 되어, 또 열매 되어 또 다른 생명을 살리는 자

작은 샘이 우물이 되고 시내가 되는 삶
주님의 신부는 생기가 있는 아름다운 생명입니다.

생기 있는 신부의 고백

신랑만 사랑한다는 아름다운 믿음의 고백에 신랑은 신부에게 다시 취합니다.

주님은 주님만 사랑하는 신부의 고백을 오늘도 듣기 원하십니다.

주님만 사랑한다는 진정한 고백이 내 심령에서 차고 넘치게 하소서.

하나님이 찾는 아름다운 신부는
신랑의 마음을 알아 그 뜻대로 순종하는 삶입니다.

주님! 날마다 신랑의 마음을 알아가는 지혜로운 신부가 되게 하소서.

"지혜를 얻는 것이 금을 얻는 것보다 얼마나 나은고 명철을 얻는 것이 은을 얻는 것보다는 더욱 나으니라"(잠 16:16).

16. 북풍아 일어나라 남풍아 오라 나의 동산에 불어서 향기를 날리라 나의 사랑하는 자가 그 동산에 들어가서 그 아름다운 열매 먹기를 원하노라 (술)
감탄하는 신랑에게 모든 것을 드리고 싶은 신부의 모습.

그리스도 사랑의 완성은

우리의 신앙고백과
그분이 하나님 됨을 인정하는 것입니다.

주님, 겸손한 그리스도인으로서 내 입술의 신앙고백이 마르지 않게 하소서.
어떠한 시험이 와도 변함없는 신앙고백으로 주님의 기쁨 되길 원합니다.
흔들리지 않는 고백으로 내 심령에 주님이 평안히 거하십시오.

"겸손과 여호와를 경외함의 보상은 재물과 영광과 생명이니라"(잠 22:4).

지난날의 삶이 참 부끄럽습니다.

나의 앞으로의 삶은 주님의 감동이고 싶습니다.

새 힘을 주소서.

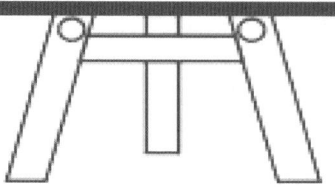

감동하는 믿음

우리를 통해 감동받기 원하시는 주님
어떻게 하여 주님을 감동케 할 수 있을까요.

주님의 이 땅에서의 33년 삶이
우리에게 감동이었습니다.

완벽한 구원의 길을 만드시고
가난한 자, 병든 자, 소외된 자, 억울한 자, 그들의 친구가 되신 주님

이 땅에서 주님이 지셨던 십자가를 지려고 몸부림치는 우리 모습

가르치시고
고치시고
전파하시는 생명사역
외면하지 않게 하소서.

그 모습 하나하나가 주님의 감동이 되어
미소 가득 품고 기쁨에 찬 모습으로
"나의 어여쁜 신부야, 나의 어여쁜 신부야"라는
사랑의 메아리가 내 심령을 가득 채웁니다.

신부의 고백

〈아가서〉 마지막 신부의 고백

5장

숲 보기

신부를 취한 왕은 신부와 더 깊이 사랑을 나누고
정식 부부로서 그 기쁨을 모든 사람들과 함께하고자 합니다.

밤이나 낮이나 늘 함께하고 지켜 주고픈 왕은
어느 날 밤이슬을 맞으며 신부의 방을 두드리면서
문을 열어 달라고 요청을 합니다.
신랑의 목소리를 듣고도 신부는
내가 옷을 벗었으니 어찌 다시 입겠으며
내가 발을 씻었으니 어찌 다시 더럽히랴마는….
신랑을 향해 가졌던 뜨거운 사랑을 유지하지 못한
신부의 안일한 태도에 신랑은 신부의 방문 고리를 놓고 맙니다.

변함없는 왕의 사랑을 그녀의 안일한 태도로
왕은 그녀의 곁을 떠나고 맙니다.
왕이 떠나고 나서야 정신 차린 술람미 여인은
혼이 나갈 정도로 그를 찾아 헤맵니다.
밤낮없이 성 안을 찾아다니는 모습에서 많은 사람들에게
멸시와 조롱과 여러 가지 어려움을 당하고 맙니다.

많은 사람들이 부러워하는 아름다운 신부는 왕이 떠나자
초라한 여인에 불과했습니다.
술람미 여인은 사람들에게 왕을 만나거든
내가 사랑함으로 병이 났다고 전해 달라고 부탁합니다.
그리고 완벽한 신랑인 왕의 모습을 하나하나 더듬으면서
그를 그리워합니다.

내 사랑하는 자는 희고도 붉어 많은 사람 가운데에 뛰어나구나.
머리는 순금 같고 머리털은 고불고불하고 까마귀같이 검구나.
눈은 시냇가의 비둘기 같은데 우유로 씻은 듯하고 아름답게도 박혔구나.
뺨은 향기로운 꽃밭 같고 향기로운 풀 언덕과도 같고 입술은 백합화 같고
몰약의 즙이 뚝뚝 떨어지는구나.
손은 황옥을 물린 황금 노리개 같고 몸은 아로새긴 상아에
청옥을 입힌 듯하구나.
다리는 순금 받침에 세운 화반석 기둥 같고
생김새는 레바논 같으며 백향목처럼 보기 좋고
입은 심히 달콤하니 그 전체가 사랑스럽구나.
예루살렘 딸들아, 이는 내 사랑하는 자요 나의 친구로다.

아가서 5장은 안일한 믿음으로 신랑을 놓치고 마는 술람미 여인의 모습이
그려져 있습니다.
신부를 향한 왕의 사랑은 변함없는데, 신부 된 술람미 여인은 신랑을 향한
사랑이 불안정하고 신부로서 지녀야 할 믿음의 정절을 잠시 놓치고 마는
실수를 범하고 맙니다.

5장
안일한 믿음

솔로몬이 신부와 더 친밀한 사랑을 나누고자
문을 두드려 이르기를

나의 누이, 나의 사랑,
나의 비둘기, 나의 완전한 자야

문 열어 다오, 내 머리에는 이슬이,
내 머리털에는 밤이슬이 가득하였다 하는구나.

그런 신랑의 애절함을 무시하고 신부는
내가 옷을 벗었으니 어찌 다시 입겠으며
내가 발을 씻었으니 어찌 다시 더럽히랴마는

신랑을 향해 처음 가졌던 뜨거운 사랑을 유지하지 못한
신부의 안일한 태도

우리의 안일한 믿음은 주님의 슬픔입니다.

우리가 주님께 받고 있는 사랑을 안일하게 여기지 맙시다.
생명 다해 얻은 영원한 사랑

그 사랑은 죽음을 이기고
십자가에서 생명 다해 얻은 참사랑입니다.

우리 신앙생활에서 안일함은 주님을 떠나게 하는 독입니다.
늘 깨어 있는 우리가 되길 원합니다.

5장 묵상

1. 내 누이, 내 신부야 내가 내 동산에 들어와서 나의 몰약과 향 재료를 거두고 나의 꿀송이와 꿀을 먹고 내 포도주와 내 우유를 마셨으니 나의 친구들아 먹으라 나의 사랑하는 사람들아 많이 마시라 (솔)
솔로몬은 술람미 여인과 정식 부부로서의 사랑을 나누고 그 기쁨을 모든 사람들과 함께하고자 함.

   신랑이 신부로 인해 기뻐하며 이 기쁨과 행복을 다른 이에게 드러내고 싶어 하는 모습에서
  아버지의 마음을 보게 됩니다.
  주님은 우리를 통해 기쁨을 얻기 원하십니다.
  나의 삶이 주님의 기쁨이고 행복이어야 합니다.

   예전에는 우리가 주님으로 인해 나의 행복과 기쁨을 누리려고 했다면
  이제는 주님에게 기쁨과 행복을 안겨 드리는 성숙한 자녀로 살기 원합니다.

   "하나님의 선하시고 기뻐하시고 온전하신 뜻이 무엇인지 분별하도록 하라"(롬 12:2).

주님이 기뻐하시는 일에 삶의 목적을 두고 살아가게 하소서.
주님! 영원한 주님의 신부 된 나는 주님의 기쁨입니다.
주님의 기쁨이 곧 나의 기쁨임을 알게 하소서.

2. 내가 잘지라도 마음은 깨었는데 나의 사랑하는 자의 소리가 들리는구나 (술)
문을 두드려 이르기를 나의 누이, 나의 사랑, 나의 비둘기, 나의 완전한 자야 문 열어다오 내 머리에는 이슬이, 내 머리털에는 밤이슬이 가득하였다 하는구나 (솔)

신부로서 지녀야 할 완전한 아름다움(거룩함과 순결함)에 그를 더 끝까지 지켜주고 함께하고픈 신랑의 마음.

신부 된 나는 날마다 주님의 약속된 말씀을 잊지 않으려고
자면서도 깨어 주님의 음성을 기다리고 있습니다.
어느 날 문밖에서 문을 두드리는 주님의 음성이 들립니다.

나의 누이 나의 사랑 나의 비둘기 나의 완전한 자야 문 열어다오.
내 머리에는 이슬이 내 머리털에는 밤이슬이 가득하였구나.

주님은 신부 된 나에게 나의 사랑, 나의 비둘기, 나의 완전한 자라고 칭하십니다.
죄인 된 나에게 그 누가 나의 사랑, 나의 비둘기, 나의 완전한 자라고 불러 주겠습니까?

주님의 사랑이 아니고서는 감히 듣지도 못할 귀한 언약의 말들을….
나는 지금 하나님의 사랑을 입은 자답게 살고 있는가?
비둘기같이 순결한 신부로 살고 있는가?
죄를 이기고 사는 완전한 자로 살고 있는가?

주님의 십자가 사랑이 아니고서는 어찌 하늘의 칭호를 받을 수 있을까요.

주님은 이런 나를 사랑하고 또 사랑해서 밤이슬 맞도록 찾고 부르시고 만나고 싶어 하시는 주님의 애절한 사랑을 다시 한 번 내 심령에 새깁니다.

나의 누이, 나의 사랑, 나의 비둘기, 나의 완전한 자야
문 열어 다오.

주님의 애절한 목소리가 내 심령에 젖어 옵니다.
주님, 영적인 잠에 빠지지 않도록 날마다 깨어 있게 하소서.
주님이 끝까지 지켜주고픈 거룩한 신부로 살아가게 하소서.

"여호와께서 너를 지켜 모든 환난을 면하게 하시며 또 내 영혼을 지키시리로다 여호와께서 너의 출입을 지금부터 영원까지 지키리로다" (시 121:7~8).

3. 내가 옷을 벗었으니 어찌 다시 입겠으며 내가 발을 씻었으니 어찌 다시 더럽히랴마는 (술)
   신랑을 향해 처음 가졌던 뜨거운 사랑을 유지하지 못한 신부의 안일한 태도.

　술람미 여인의 안일함과 무지함은 왕의 슬픔입니다.
　주님, 제게도 그런 무서운 안일함과 무지함이 있어요.

　마음은 주님을 사랑하는데
　육은 세상의 땅바닥에 자석처럼 딱 붙어 있는 나의 모습.
　육을 뚫고 영이 나오는 것이 매번 힘이 듭니다.

　그래서 더 주님의 도우심을 구합니다.
　승리의 주님이 계시기에 다시 한 번 믿음의 반열에 섭니다.

　신부를 향한 주님의 사랑은 완전한 사랑인데, 제가 주님을 사랑함은 어찌 이다지 불완전한지요.
　변함없는 주님의 사랑을 닮고 싶습니다.

　주님,
　저는 주님이 오시면 이유 없이 벗은 발로 뛰어나가 신랑을 맞이할 줄 알았는데
　어찌 이렇게 게으른가요.
　어찌 이렇게 안일한가요.

현실에 만족하고 주님 더디 오시기만 바라는 믿음 없는 자임을 보게 됩니다.

구원받은 걸로 만족하고 준비되지 못한 신부였음을 용서하옵소서.

신랑 되신 주님은 신부 된 나를 보고자 머리에 밤이슬이 가득한데

오늘도 문소리 듣고도 외면하는 저의 연약함을 용서하옵소서.

신부 된 나는 오직 신랑이 언제 오시는지 귀 기울이고 살아야 하는데

거룩한 신부인 내 정체성을 1분 1초라도 잊지 않게 하소서.

주님,

주님 사랑함에 있어서 그 어떤 이유도 되지 않게 하소서.

영적 생활에 게으르지 않도록 날마다 내 심령이 깨어 있게 하소서.

"게으른 자여 네가 어느 때까지 누워 있겠느냐 네가 어느 때에 잠이 깨어 일어나겠느냐 좀더 자자, 좀더 졸자, 손을 모으고 좀더 누워 있자 하면 네 빈궁이 강도같이 오며 네 곤핍이 군사같이 이르리라"(잠 6:9~11).

4. 내 사랑하는 자가 문틈으로 손을 들이밀매 내 마음이 움직여서
5. 일어나 내 사랑하는 자를 위하여 문을 열 때 몰약이 내 손에서, 몰약의 즙이 내 손가락에서 문빗장에 떨어지는구나 (술)

신부에게로 들어오려는 신랑의 마음에 감동을 받아 신부가 문을 열었

을 때 문빗장에 신랑의 애절한 향기가 가득 묻어 있음.

신부를 향한 간절한 사랑의 마음
그 사랑에 감동받은 신부가 문을 열기 위해 나가는
그 모습조차 귀하게 여기시는 하나님
내가 안일해서, 때론 의심해서 주님과 벽을 쌓는다 해도
주님의 사랑은 늘 가까이 신부 된 나에게 변함없이 손을 내밀고 계십니다.
어여쁜 나의 신부야, 나와 함께하자.
주님의 피 묻은 손이 늘 흔들리는 나의 손을 포개어 주십니다.

희생의 제물이 되어 준 손.
죽음의 대가로 얻은 값진 생명손.
나의 영혼을 영원히 책임지실 약속의 손.

주님의 사랑, 놓치고 싶지 않습니다.
신랑 되신 주님의 손길, 외면하지 않겠습니다.

가장 값진 선물을 가진 자.
지금도 내 손에 주님의 몰약의 즙이 묻어 있음을 알게 하소서.

"집에 들어가 아기와 그 모친 마리아의 함께 있는 것을 보고 엎드려 아기께 경배하고 보배합을 열어 황금과 유향과 몰약을 예물로 드리니라"(마 2:11).

6. 내가 내 사랑하는 자를 위하여 문을 열었으나 그는 벌써 물러갔네 그가 말할 때에 내 혼이 나갔구나 내가 그를 찾아도 못 만났고 불러도 응답이 없었노라 (술)

 술람미 여인의 안일한 행동으로 신랑을 떠나보내는 아픔과 괴로움을 겪음.

사랑을 지키지 못하는 신부의 안일함
주님을 향해 후회하는 신앙생활이 되지 않도록 깨어 있게 하소서.

주님은 항상 내 곁에 계시는 줄만 알았습니다.
 세상과 짝하고 있을 때, 주님이 내 곁을 떠난다는 것을 깨닫지 못했습니다.

주님은 나에게 마음을 지키라고 그렇게 말했는데…
소리 내어 울며 불러 봐도 그분은 아무런 대답이 없었습니다.

주님!
주님을 떠나게 만드는 어리석은 자로 살지 않게 하소서.
 주님을 외롭게 두고도 나는 주님과 친밀한 줄만 아는 어리석은 자였습니다.

주님은 나의 주, 나의 하나님이십니다.
그 고백이 삶이 되게 하소서.
주님을 홀로 두는 어리석은 자로 살지 않게 하소서.

"모든 지킬 만한 것 중에 더욱 네 마음을 지키라 생명의 근원이 이에서 남이니라"(잠 4:23).

7. 성 안을 순찰하는 자들이 나를 만나매 나를 쳐서 상하게 하였고 성벽을 파수하는 자들이 나의 겉옷을 벗겨 가졌도다 (술)
   사랑하는 자를 떠나보낸 대가로 술람미 여인 자신이 당해야 했던 수모와 수치를 구체적으로 표현.

신랑을 잃어버린 주님의 신부는 너무나 초라하고 보잘것없습니다.
신랑을 잃어버린 나에게 환난이 찾아왔습니다.
내가 의지하고 믿었던 자들이 나의 원수가 되어 나의 영·혼·육을 병들게 하고
거룩한 신부 예복조차 빼앗아 갔습니다.

주님,
제가 주님의 신부임을 망각하지 않게 하소서.
사탄에게 기회조차 주지 않게 하소서.
거룩한 예복을 빼앗기지 않도록 날마다 신부 단장하게 하소서.
주님과 함께하지 않는 삶은 무의미합니다.

주님 없는 혼자된 삶은 사탄의 굴레 안에 있는 삶입니다.
주님 품을 떠나 사탄의 굴레로 들어가는 어리석은 자가 되지

않게 하소서.

"죄의 삯은 사망이요 하나님의 은사는 그리스도 예수 우리 주 안에 있는 영생이니라"(롬 6:23).

8. 예루살렘 딸들아 너희에게 내가 부탁한다 너희가 내 사랑하는 자를 만나거든 내가 사랑하므로 병이 났다고 하려무나 (술)
　왕궁 내에 거하는 여인들에게 자신이 솔로몬을 너무나 사랑해서 병이 났다고 전해달라는 호소.

　구원자 주님을 다시 만나고픈 신부의 애절함
　주님! 회복의 은혜를 구합니다.
　두 번 다시 주님을 잃어버리고 찾는 자 되지 않게 하소서.

　나의 사랑하는 자를 만나거든 내가 병이 났다고 꼭 전해 달라고….
　주님과 함께하지 않는 삶은 이 땅에서 삶의 의미가 없습니다.
　주님과 더 친밀감 넘치는 삶을 살기 원합니다.
　주님과 친밀감 없는 삶은 주님을 떠나게 하는 삶임을 알았습니다.
　주님을 잃어버려서 병나는 인생을 살지 않게 하소서.
　주님을 잃어버려서 그 누구한테 초라한 삶을 보이지 않게 하소서.

가장 값진 보화를 잃어버리지 않게 하소서.

"너희가 온 마음으로 나를 구하면 나를 찾을 것이요 나를 만나리라"(렘 29:13).

9. 여자들 가운데에 어여쁜 자야 너의 사랑하는 자가 남의 사랑하는 자보다 나은 것이 무엇인가 너의 사랑하는 자가 남의 사랑하는 자보다 나은 것이 무엇이기에 이같이 우리에게 부탁하는가 (예)
   술람미 여인에게 너의 값진 사랑의 의미가 무엇인지 질문하는
   예루살렘 여인들.

   많은 여자들은 나의 사랑을 인정하지 않고 네가 사랑하는 자가 정말 너를 사랑하는지
   그 사랑이 다른 사랑과 다른 것이 무엇이기에 우리에게 부탁하는가.

   사탄은 나에게 여러 사랑을 권합니다.
   그리고 그 사랑을 똑같은 사랑이라고 유혹합니다.

   주님, 다시 한 번 고백합니다.
   주님의 사랑은 죽음을 이기신 참사랑입니다.

   죄인을 영원히 살리시려고 인간의 몸으로 오신 주님.

주님은 사랑이십니다.

주님 앞에 사랑을 논할 자, 그 누구도 없음을 선포합니다.

주님의 사랑을 한번 입은 사람은 그 사랑의 의미를 알고 있습니다.

주님의 사랑의 가치는 말로 형용할 수 없습니다.

그래서 주님은 사랑의 완성입니다.

"사랑은 여기 있으니 우리가 하나님을 사랑한 것이 아니요 하나님이 우리를 사랑하사 우리 죄를 속하기 위하여 화목제물로 그 아들을 보내셨음이라 사랑하는 자들아 하나님이 이같이 우리를 사랑하셨은즉 우리도 서로 사랑하는 것이 마땅하도다"(요일 4:10~11).

10. 내 사랑하는 자는 희고도 붉어 많은 사람 가운데에 뛰어나구나
11. 머리는 순금 같고 머리털은 고불고불하고 까마귀같이 검구나
12. 눈은 시냇가의 비둘기 같은데 우유로 씻은 듯하고 아름답게도 박혔구나
13. 뺨은 향기로운 꽃밭 같고 향기로운 풀언덕과도 같고 입술은 백합화 같고 몰약의 즙이 뚝뚝 떨어지는구나
14. 손은 황옥을 물린 황금 노리개 같고 몸은 아로새긴 상아에 청옥을 입힌 듯하구나
15. 다리는 순금 받침에 세운 화반석 기둥 같고 생김새는 레바논 같으며 백향목처럼 보기 좋고
16. 입은 심히 달콤하니 그 전체가 사랑스럽구나 예루살렘 딸들아 이는 내 사랑하는 자요 나의 친구로다   (술)
　　신랑을 그리워하며 솔로몬의 외관과 인격의 아름다움을 구체적으로

묘사하며 부르는 신부의 노래.

내가 사랑하는 나의 주님
보화와 같은 귀한 나의 구원자이신 주님을 깊이 묵상합니다.

나를 얼마나 사랑하시는지
나를 영원히 살리고 영원히 함께하고자 스스로 죽음의 길을 가신 주님.

가장 아름답고 존귀하고 보화이신 주님의 십자가는
몸짓 하나하나가 다 나를 위한 사랑의 제물이었습니다.

상하고 찢기고 울부짖는 소리
배신과 조롱.
그 작은 몸이 제물이 되는 순간에도 나의 주님은 스스로 "비참하다."라고 말씀하지 않고
"다 이루었다."라고 승리의 함성으로 우리에게 선포해 주셨습니다.
그 승리는 사랑의 승리 함성입니다.
죽음을 이기신 참사랑, 이 사랑을 가질 수 있도록 길을 열어 놓으신 주님을 사랑합니다.

죽음을 이기신 주님은
아름다움을 넘어선 정결함, 순결함

이제는 우리가 그 사랑의 십자가, 믿음으로 짊어지고 가기 원합니다.

하나님 보시기에 심히 좋았더라.

창조의 기쁨
그 감탄의 고백을 주님께 다시 올려드리기 원합니다.

"예수께서 신 포도주를 받으신 후에 이르시되 다 이루었다 하시고 머리를 숙이니 영혼이 떠나가시니라"(요 1:30).

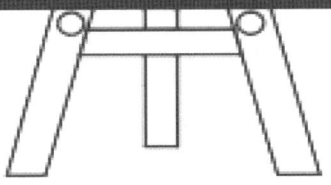

참 부끄럽습니다. 제가 신앙의 경주 잘하자고 외치고 있지만, 가끔 세상의 것들로 인해 시간을 참 많이 허비합니다. 주님과 깊은 묵상의 삶보다 보기 좋고 아름다운 것들로 내 마음이 많이 빼앗길 때가 있습니다. 주님을 믿는데 내 삶이 변하지 않아 괴로운 삶.
날마다 주님의 도우심을 구합니다.

안일한 믿음

내가 옷을 벗었으니 어찌 다시 입겠으며
내가 발을 씻었으니 어찌 다시 더럽히랴마는

우리의 안일한 신앙생활이 주님에게는 슬픔입니다.
신부와 함께하고자 밤이슬 맞으며
문밖에서 문 열기를 애절하게 기다리시는 주님의 마음

알면서도 모르는 척
무지해서 모르는 척
주님께 무수히 상처를 주었던 세월들

사랑하는 이에게 외면당해 흐르는 눈물

주님, 용서하옵소서.
주님, 용서하옵소서.

이 죄인으로 인해 흘렸던 주님의 눈물을 이제 닦아 드리기 원합니다.

신부의 고백

6장

숲 보기

신랑을 찾고자 하는 술람미 여인의 애절한 마음을 안 예루살렘 여인들은
신랑을 찾는 데 같이 동행합니다.
마침내 신랑을 발견한 술람미 여인은 신랑 앞에서
우리는 하나라는 신앙고백을 올려드립니다.
나는 내 사랑하는 자에게 속하였고 내 사랑하는 자는 내게 속하였으며
그가 백합화 가운데 양떼를 먹이는구나.

신부의 신앙고백에 왕은 신부의 아름다움을
하나하나 되짚어 보게 됩니다.

내 사랑아, 너는 디르사같이 어여쁘고 예루살렘같이 곱고 깃발을 세운
군대같이 당당하구나. 네 눈이 나를 놀라게 하니 돌이켜 나를 보지 말라.
네 머리털은 길르앗 산기슭에 누운 염소 떼 같고 네 이는 목욕하고
나오는 암양 떼 같으니 쌍태를 가졌으며 새끼 없는 것은 하나도 없구나
너울 속의 네 뺨은 석류 한 쪽 같구나.

그리고 왕은 다시 한 번 신부를 향해 사랑의 마음을 전합니다.
내게 많은 왕후가 있지만 나의 완전한 자는 술람미 여인임을….

왕후가 육십이요 비빈이 팔십이요 시녀가 무수하되
나의 비둘기, 나의 완전한 자는 하나뿐이로구나.
그는 그 어미의 외딸이요 그 낳은 자의 귀중히 여기는 자로구나.
여자들이 그를 보고 복된 자라 하고
왕후와 비빈들도 그를 칭찬하는구나.

예루살렘 여인들은 다시 회복한 술람미 여인을 축복하며
그 아름다운 신부를 보기 원한다고 하자,
왕은 그들 앞에서 춤추는 것을 허락합니다.

울면서 신랑을 찾아 헤매는 모습에서 기쁨의 춤을 추는 술람미 여인의
모습이 극적으로 표현되고 있습니다.
아가서 6장은 술람미 여인을 다시 신부의 자리로 완벽하게 세우신
왕의 모습을 보여 줍니다.

6장
회복하는 믿음

안일함을 회개하고 돌아온 술람미 여인
위기를 극복하고 신랑에 대한 지순한 사랑을 회복한 후
큰 행복과 즐거움을 누리게 된 신부의 기쁨에 찬 고백

주님과의 연합의 고백

회개하고 돌아온 나는 주님과 하나입니다.
신부 된 나는 나를 영원히 사랑하는 주님께 속한 자입니다.
주님도 나의 영혼을 영원히 책임지시는 나의 영혼의 책임자입니다.
날마다 생명의 꼴을 먹이시는 분은 나의 하나님이십니다.

나는 나의 사랑하는 자에게 속하였고 나의 사랑하는 자는 내게 속하였다.
그가 백합화 가운데서 그 양떼를 먹이는구나.

주님과 하나 됨

주님과 사랑함이 이제는 그 누구도 끊을 수 없음을 선포합니다.
그 사랑을 가지고 지키기 위해 나의 모든 것을 다 드리게 하소서.
값진 보화를 발견하고 그 밭을 사기 위해
농부처럼 수고와 헌신의 삶이 있게 하소서.

6장 묵상

1. 녀사들 가운데에서 어여쁜 자야 네 사랑하는 자가 어디로 갔는가 네 사랑하는 자가 어디로 돌아갔는가 우리가 너와 함께 찾으리라
(예)

신랑과 신부의 사랑이 끊이지 않고 지속될 것을 희망하며, 신랑을 찾기 위하여 신부와 기꺼이 동행(중보기도)하겠다는 예루살렘 여인들.

주님! 주님을 잠시 멀리할 때 두려워하지 말고 오히려 더 주님을 찾을 수 있는 용기를 저에게 더하소서.

그 간절함과 애절함이 성령 하나님의 도우심으로 기도의 응답을 이루게 하소서.

주님은 우리의 회개 기도조차도 값진 믿음으로 여겨 주십니다.
주님! 기도의 능력으로 다시금 주님과 연합의 기쁨을 누리게 하소서.

주님께 나아가는 한 발자국 한 발자국이 생명선으로 다가가는 구원의 발임을 알게 하소서.
그리고 내 심령이 주님을 향해 날마다 간절함과 애절함이 요동치게 하소서.

그 모습을 아름답고 존귀히 여겨, 주님의 발길이 나에게로 먼저 오는 것을 보게 하소서.

"옛적에 여호와께서 나에게 나타나사 내가 영원한 사랑으로 너를 사랑하기에 인자함으로 너를 이끌었다 하였노라"(렘 31:3).

2. 내 사랑하는 자가 자기 동산으로 내려가 향기로운 꽃밭에 이르러서 동산 가운데에서 양 떼를 먹이며 백합화를 꺾는구나 (술)
   신랑을 찾기 위해 열정을 다한 신부의 모습과 신랑을 발견하고 부르는 기쁨의 노래.

주님과의 연합의 기쁨
주님과 함께 계신 곳이 아름다운 동산입니다.
그곳에서 주님은 목자가 되셔서 먹이시고 아름다운 곳을 보여 주시고, 주님이 향기 되어 우리로 만족케 하십니다.

주님과의 연합의 기쁨은 잔치입니다. 기쁨입니다. 축제입니다.

오늘 내 삶이 그러했는지 돌아봅니다.
세상의 쾌락이 잔치인 양, 기쁨인 양 머뭇머뭇하는 내 모습이 이제 싫어지게 하소서.

이 땅에서 주님과 함께 하는 연합의 시간이 길지 않음을 알게 하소서.
  안개와 같은 이 땅의 시간
  한 치 앞을 모르는 인생의 시간
  주님과 함께하는 연합의 시간은 무척 짧음을 알고
  주님께 집중하는 시간으로 올려드리게 하소서.
  아까운 시간을 사탄에게 다 쏟고 가는 어리석은 인생이 되지 않게 하소서.

  주님! 내 심령이 작은 에덴동산이 되어 주님과 날마다 연합의 기쁨을 누리게 하소서.

  "너희가 어떻게 행할 것을 자세히 주의하여 지혜 없는 자같이 말고 오직 지혜 있는 자같이 세월이 아끼라 때가 악하니라"(엡 5:15~16).

3. 나는 내 사랑하는 자에게 속하였고 내 사랑하는 자는 내게 속하였으며 그가 백합화 가운데에서 그 양떼를 먹이는도다 (술)
   위기를 극복하고 신랑에 대한 지순한 사랑을 회복한 후, 큰 행복과 즐거움을 누리게 된 신부의 기쁨에 찬 고백.

  주님과의 연합의 고백

  회개하고 돌아온 나는 주님과 하나입니다.
  신부 된 나는 나를 영원히 사랑하는 주님께 속한 자입니다.

주님은 나의 영혼을 영원히 책임지시는 나의 영혼의 책임자입니다.
날마다 생명의 꼴을 먹이시는 나의 하나님이십니다.

주님! 이 세상에서 제가 가장 행복한 자입니다.
사랑하는 주님이 나와 함께 영원히 거하는 삶이기에 너무나 행복합니다.
그가 내 안에 내가 그 안에 머무는 삶이 얼마나 안전하고 평안한 삶인지….

신이신 하나님이 내 눈에 보이지 않지만 내 영은 주님의 사랑을 날마다 느끼며
말로 표현할 수 없는 존귀한 만남이 내 영을 날마다 가득 채우게 하소서.

주님과 하나 됨, 주님과 사랑함이 이제는 그 누구도 끊을 수 없음을 선포합니다.
그 사랑을 가지고 지키기 위해 나의 모든 것을 다 드리게 하소서.
값진 보화를 발견하고 그 밭을 사기 위해 농부처럼 수고와 헌신의 삶이 있게 하소서.

"천국은 마치 밭에 감추인 보화와 같으니 사람이 이를 발견한 후 숨겨 두고 기뻐하며 돌아가서 자기의 소유를 다 팔아 그 밭을 사느니

라"(마 13:44).

4. 내 사랑아 너는 디르사같이 어여쁘고, 예루살렘같이 곱고, 깃발을 세운 군대같이 당당하구나
5. 네 눈이 나를 놀라게 하니 돌이켜 나를 보지 말라 네 머리털은 길르앗 산기슭에 누운 염소 떼 같고
6. 네 이는 목욕하고 나오는 암양 떼 같으니 쌍태를 가졌으며 새끼 없는 것은 하나도 없구나
7. 너울 속의 네 뺨은 석류 한 쪽 같구나 (솔)
   돌아온 신부의 아름다움 하나하나를 되짚어보며 부르는 신랑의 노래.

불안전하고 마음을 지키지 못한 신부였다 할지라도 신랑을 향한 진실한 고백과 간절한 마음을 받으시고, 신부를 향해 다시 한 번 변함없는 그 사랑을 선포하십니다.

내 사랑아, 너의 어여쁨과 고움이 세상 그 어느 것과 비교할 수 없이 아름답고 훌륭하다.
나를 알아보는 너의 눈이 창조자를 놀라게 하고 네 아름다운 머리털, 이 뺨은
세상 어느 것과 비교할 수 없는 신부의 아름다움이다.

신부라고 말하지만 오직 한 분의 하나님으로 만족하지 못하고 세상 것 기웃거리며
추한 자의 모습으로 돌아온 자에게 조건 없는 사랑, 변함없는 그 사랑을

다시 받을 수 있는지요.
오호라, 나는 곤고한 자로다.
사망의 법과 생명이 법이 내 안에서 싸울 때 사망의 법에 힘을 실어 주었던 나,
고개 들 수도 없는 나, 하나님 보고 계신 앞에서 너무 뻔뻔한 죄를 짓고 힘들어하는 나에게
성령 하나님의 도우심으로 다시 돌이켜 회개의 눈물로 나아갈 때
그 눈물 한 방울도 소중히 받아 주시며
예쁘다, 아름답다
고백하시는 하나님의 마음을 우리가 다 어찌 알 수 있을까요.

고개 숙여 부끄러운 회개의 눈물이 뺨을 적시는 나에게
아버지는 너울 속의 너의 뺨은 석류 한 쪽 같구나.
어찌 주님은 그 모습조차도 하늘 언어로 표현해 주시는지요.

주님과의 친밀감이 오늘 이 순간에도 깊이 내 마음을 가득 채웁니다.

주님, 여전히 죄인이지만 그 죄인 버리시지 않고 점점 더 크게 다가오는 주님의 사랑을 느낍니다.
한번 택한 신부는 버리지 않고 영원히 책임지시는 하나님의 사랑, 말로 형용할 수 없습니다.

"청함을 받은 자는 많되 택함을 입은 자는 적으니라"(마 22:14).

8. 왕비가 육십 명이요 후궁이 팔십 명이요 시녀가 무수하되
9. 내 비둘기, 내 완전한 자는 하나뿐이로구나 그는 그의 어머니의 외딸이요 그 낳은 자가 귀중하게 여기는 자로구나 여자들이 그를 보고 복된 자라 하고 왕비와 후궁들도 그를 칭찬하는구나 (솔)
   많은 왕후가 있지만 나의 완전한 자는 술람미 여인뿐임을 다시 한 번 더 선포, 술람미와 경쟁관계에 있는 사람들조차 그를 인정함.

세상에 하나님을 아는 사람들은 무수히 많지만
하나님께 사랑을 입은 자는 하나뿐입니다.
하나님께 사랑받는 자는 복된 자요 많은 이들로부터 부러움을 받으며
많은 이들이 하나님의 신부 됨을 칭찬하십니다.

주님, 그 사랑을 제가 영원히 받고 싶습니다.
청함을 받은 자는 많되 택함을 입은 자는 적다고 하셨습니다.
주님, 그 복된 자리에 제가 서 있기 원합니다.

나의 비둘기, 나의 완전한 자는 하나뿐이로구나….

주님께 이 고백을 들도록 더 이상 배신의 자리, 죄악의 자리에 있지 않겠습니다.
날마다 신랑을 기다리는 신부 된 사명을 감당하기 원합니다.

그 복된 자리 빼앗기지 않도록 날마다 선한 싸움 잘 싸우게 하소서.

"너희가 죄와 싸우되 아직 피 흘리기까지는 대항하지 아니하고"(히 12:4).

10. 아침 빛같이 뚜렷하고 달같이 아름답고 해같이 맑고 깃발을 세운 군대같이 당당한 여자가 누구인가 (예)
　　술람미 여인의 순결함과 아름다움에 모든 사람의 선망의 대상이
　　되었음을 강조.

　　아침 빛같이 뚜렷한 삶
　　달같이 아름다운 삶
　　해같이 맑은 삶
　　지혜롭고 절제된 삶

　주님이 찾으시는 이런 신부가 되게 하소서.
　기름을 준비한 슬기로운 다섯 처녀들처럼 날마다 깨어서 등불을 밝히게 하소서.
　기름을 준비한 슬기로운 다섯 처녀들처럼 신랑을 맞이할 예복을 입게 하소서.
　기름을 준비한 슬기로운 다섯 처녀들처럼 신랑을 기다린다고 선포하며 살게 하소서.

기름을 준비한 슬기로운 다섯 처녀들처럼 기쁨으로 주님을 맞이하게 하소서.

기름을 준비한 슬기로운 다섯 처녀들이 내 인생의 마지막 삶의 목적이게 하소서.

"그들이 사러 간 사이에 신랑이 오므로 준비하였던 자들은 함께 혼인잔치에 들어가고 문은 닫힌지라"(마 25:10).

11. 골짜기의 푸른 초목을 보려고 포도나무가 순이 났는가 석류나무가 꽃이 피었는가 알려고 내가 호도 동산으로 내려갔을 때에
12. 부지중에 내 마음이 나를 내 귀한 백성의 수레 가운데에 이르게 하였구나 (술)

　　두 연인의 재회로 한층 더 깊고 성숙한 사랑을 나누게 된 사실을 신부의 노래를 통해 진술.

신랑과 신부가 만나는 동산
그곳에는 푸른 초목이 있고 포도나무 순이 나고
석류나무가 꽃이 핍니다.

나는 동산지기가 되어 신랑을 맞으려고 합니다.
어느새 나를 태울 수레가 내 앞에 이르렀습니다.
주님과 만나는 동산에는 꽃이 피어 향기를 토하며
때론 포도나무를 허는 작은 여우도 있습니다.

나는 동산지기가 되어
그 동산을 아름답게 신랑 되신 주님께 올려드리고 싶습니다.
그 동산을, 푸른 초목이 되었는지
순이 났는지
꽃이 피었는지
주님을 기다리는 신부처럼 내 작은 동산도 이렇게 잘 가꾸기 원합니다.

어느 날 부지중 신부 된 나를 태우러 올 때 최선을 다한 모습으로
신랑 되신 주님을 만나고 싶습니다.

주님,
내 인생에 마지막이 영적으로 초라할 때나 병들었을 때 주님을 만나지 않게 하소서.
주님과 만나는 그 시기가 내 인생의 영적인 꽃을 피우는 시기가 되어 혼인잔치에 들어가게 하소서.
오래 사는 것이 중요한 것이 아니라 영적으로 부끄러움이 없을 때 주님을 만나고 싶습니다.
주님,
내 인생에 영적으로 가장 아름다운 시기에 저에게 찾아와 주세요.
주님의 아름다운 신부로 서고 싶습니다. 저의 간절한 기도, 들어 주시옵소서.

"그런즉 깨어 있으라 너희는 그날과 그때를 알지 못하느니라"(마 25
:13).

13a. 돌아오고 돌아오라 술람미 여자야 돌아오고 돌아오라 우리가
   너를 보게 하라 (예)
   신부의 노래에 화답하는 예루살렘 여인들의 합창.

  별 볼일 없이 여겼던 술람미 여인을 많은 사람들이 부러워하며
신부 된 그녀를 보고 싶어 하고
  어떻게 신부가 되었는지 그들도 신부의 자리에 있도록 돌아와
서 알려 달라는 소리가 들립니다.

  주님의 인침을 받은 자, 그 누구도 끊을 자 없습니다.
  세상은 우리를 초라하게 여기고 별 볼일 없는 자로 여길지라도
그 끝은 신부의 자리입니다.
  심판대에서 그들은 말할 것입니다.

  우리가 세상과 짝하고 있을 때
  거룩한 동산에서 비가 오나 눈이 오나
  신랑을 기다리는 너의 모습이 참 신부의 모습임을….

  주님, 천국에서 고운 자태로 서 있는 아름다운 신부를 그려 봅
니다.

그 모습이 얼마나 아름다울까요.

그 아름답고 존귀한 신부의 자리를 생각하며 날마다 설레게 하소서.

"우리가 즐거워하고 크게 기뻐하며 그에게 영광을 돌리세 어린 양의 혼인 기약이 이르렀고 그의 아내가 자신을 준비하였으므로"(계 19:7).

13b. 너희가 어찌하여 마하나임에서 춤추는 것을 보는 것처럼 술람미 여자를 보려느냐 (솔)
    술람미 여인의 아름다운 모습을 다시 볼 것을 요청했던 합창단에 대한 신랑의 응답으로서 신부가 그들 앞에서 춤추는 것을 허락하는 내용.

나의 신부는 세상의 신부가 아니다.
나의 잔치는 세상의 잔치가 아니다.
나의 신부는 내가 핏값으로 산 거룩한 의의 옷을 입은 신부며
나의 잔치는 천국잔치로 천사도 흠모하는 잔치다.

주님! 주님의 핏값으로 산 저는 하나님의 자녀입니다.
천국백성으로 거룩한 신부 된 자격을 얻었음에 감사합니다.
세상의 누더기와 같은 옷을 벗고 거룩한 의의 옷을 입고 신부 단장하며
날마다 신부 된 사명을 감당하게 하소서.

"그에게 빛나고 깨끗한 세마포 옷을 입도록 허락하셨으니 이 세마포 옷은 성도의 옳은 행실이로다 하더라"(계 19:8).

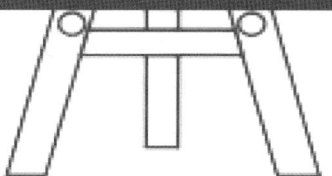

내 자신에게 감사한 부분이 있다면 매일 회개의 영성입니다.
주~님 그 이름만 불러도 왜 이리 눈물이 나는지….
주님은 그 모습을 귀히 여기십니다.
주님! 주님 나라 가는 그 순간에도 회개의 눈물이 마르지 않게 하소서.

회복하는 믿음

진정한 회개의 눈물을 흘린 자
진정한 사랑을 깨닫고 그 사랑을 붙드는 자
그런 자에게 주님은 나의 신부는 너뿐이야.

왕후가 육십이요 비빈이 팔십이요 시녀가 무수하되
나의 비둘기, 나의 완전한 자는 하나뿐이로구나.

나의 신앙회복이 엄청난 축복의 열매입니다.
내가 주께로 돌아올 때
주님의 기쁨과 설렘의 미소가 신부의 마음을 가득 채웁니다.
주님의 마음을 가진 자
이것이 신부의 권세요 힘입니다.

 신부의 고백

7장

숲 보기

왕과 회복한 술람미 여인의 춤추는 모습에서 예루살렘 여인들은
귀한 자의 딸로 술람미 여인을 높입니다.
술람미 여인의 외모 하나하나가 세상 어느 것과 비교할 수 없는
아름다움과 생명 넘침을 비유로 표현합니다.

귀한 자의 딸아, 신을 신은 네 발이 어찌 그리 아름다운가.
네 넓적다리는 둥글어서 숙련공의 손이 만든 구슬 꿰미 같구나.
배꼽은 섞은 포도주를 가득히 부은 둥근 잔 같고
허리는 백합화로 두른 밀단 같구나.
두 유방은 암사슴의 쌍태 새끼 같고 목은 상아 망대 같구나.
눈은 헤스본 바드랍빔 문 곁에 있는 연못 같고
코는 다메섹을 향한 레바논 망대 같구나.
머리는 갈멜 산 같고 드리운 머리털은 자주 빛이 있으니
왕이 그 머리카락에 매이었구나.

솔로몬 왕 또한 신부의 아름다움을 더 친밀함으로 표현합니다.

사랑아 네가 어찌 그리 아름다운지, 어찌 그리 화창한지 즐겁게 하는구나.
네 키는 종려나무 같고 네 유방은 그 열매 송이 같구나.
내가 말하기를 종려나무에 올라가서 그 가지를 잡으리라 하였나니
네 유방은 포도송이 같고 네 콧김은 사과 냄새 같고
네 입은 좋은 포도주 같을 것이니라.

그 고백을 들은 술람미 여인은 왕과 더 성숙하고
친밀한 교제를 원합니다.

내 사랑하는 자야, 우리가 함께 들로 가서 동네에서 유숙하자.
우리가 일찍이 일어나서 포도원으로 가서 포도 움이 돋았는지,
꽃술이 퍼졌는지, 석류꽃이 피었는지 보자.
거기서 내가 나의 사랑을 네게 주리라.
합환채가 향기를 뿜어내고 우리의 문 앞에는 여러 가지 귀한 열매가
새것, 묵은 것으로 마련되었구나.
내가 나의 사랑하는 자, 너를 위하여 쌓아둔 것이로다.

아가서 7장은 두 사람의 사랑이 더 깊고 친밀한 교제로 깊어가고
완성되어져 가는 것을 보여 줍니다.

7장
더 깊고 친밀한 믿음

사랑을 회복한 두 사람은 더 깊고 친밀한 사랑을 나눕니다.

사랑아 네가 어찌 그리 아름다운지
어찌 그리 화창한지 쾌락하게 하는구나.
네 키는 종려나무 같고 네 유방은 그 열매 송이 같구나.

내가 말하기를 종려나무에 올라가서 그 가지를 잡으리라 하였나니
네 유방은 포도송이 같고 네 콧김은 사과 냄새 같고
네 입은 좋은 포도주 같을 것이니라.

솔로몬이 술람미 여인의 아름다움을 더 친밀함으로 표현하며
이 사랑이 영원하길 소원합니다.

영원한 사랑
끊을 수 없는 사랑
주님의 소원이 우리의 소원이길 원합니다.

주님과의 사랑은 반석 위에 심은 종려나무처럼 흔들리지 않습니다.

7장 묵상

1. 귀한 자의 딸아 신을 신은 네 발이 어찌 그리 아름다운가 네 넓적다리는 둥글어서 숙련공의 손이 만든 구슬 꿰미 같구나
2. 배꼽은 섞은 포도주를 가득히 부은 둥근 잔 같고 허리는 백합화로 두른 밀단 같구나
3. 두 유방은 암사슴의 쌍태 새끼 같고
4. 목은 상아 망대 같구나 눈은 헤스본 바드랍빔 문 곁에 있는 연못 같고 코는 다메섹을 향한 레바논 망대 같구나
5. 머리는 갈멜 산 같고 드리운 머리털은 자주 빛이 있으니 왕이 그 머리카락에 매이었구나   (예)

   춤추는 신부에 대한 예루살렘 여인의 노래, 신부의 내면 정신의
   아름다움을 외면적 육체의 아름다움에 투영.

거무스레하고 보잘것없는 내가 진정한 사랑을 신랑에게 받으니 시기하는 마음으로 흘겨보던 예루살렘 여자들이 나에게 귀한 자의 딸이라고 말합니다.

그냥 지나쳤던 나의 모습 하나하나가 그들에게는 너무나 귀한 의미를 부여해 주고 있습니다.

신랑의 눈이 되어 나를 바라보면서 '왕이 그 머리카락에 매이었구나.' 하는 표현으로

신랑이 나를 사랑하는 이유를 말합니다.

주님! 저의 삶을 논하지 않겠습니다.

이미 하나님 안에 새로운 피조물인 나는 너무나 존귀한 자이며 너무나 소중한 존재입니다.
육신의 눈으로는 나의 연약함이, 주님 안에서 나의 삶 하나하나가 향기이고 은혜입니다.

주님은 연약한 나를 연약하다고 말하지 않고
나의 사랑, 나의 어여쁜 자라고 최상의 언어로 변함없이 칭해 주셨습니다.

주님 안에서 사는 나의 삶은 세상 사람들의 부러움의 대상입니다.
신부의 자리에 앉지 못한 그들의 부러움의 소리가 들립니다.

주님! 신부라는 아름다운 언어를 가진 자답게 살게 하소서.
아름다운 신부, 천국의 향기를 가진 신부로 살게 하소서.

"그런즉 누구든지 그리스도 안에 있으면 새로운 피조물이라 이전 것은 지나갔으니 보라 새것이 되었도다"(고후 5:17).

6. 사랑아 네가 어찌 그리 아름다운지, 어찌 그리 화창한지 즐겁게 하는구나
7. 네 키는 종려나무 같고 네 유방은 그 열매송이 같구나
8. 내가 말하기를 종려나무에 올라가서 그 가지를 잡으리라 하였나니 네 유방은 포도송이 같고 네 콧김은 사과 냄새 같고
9a. 네 입은 좋은 포도주 같을 것이니라 　　　　　　　　(솔)

솔로몬이 술람미 여인의 아름다움을 더 친밀함으로 표현함.

주님은 나에게 흔들리지 않는 사랑의 표현을 하십니다.
사랑아 네가 어찌 그리 아름다운지.
어찌 그리 화창한지 쾌락하게 하는구나.

종려나무 같은 신앙의 절개
포도송이 같은 유방은 생명력 넘치는 신앙의 열매
사과 향기 같은 신앙의 고백
네 입의 좋은 포도주는 넘치는 생명수입니다.

주님께 날마다 감탄을 주는 삶을 살기 원합니다.
사랑아 네가 어찌 그리 아름다운지
어찌 그리 화창한지 쾌락하게 하는구나.

주님! 나의 힘으로는 너무나 부족합니다.
주님의 영원한 신부로 인 치고 싶습니다.
신부는 또 다른 생명을 잉태케 하는 생명공동체임을 선포합니다.

생명을 가진 자.
나의 사랑하는 자를 위하여 죽어 있는 곳에 생명을 불어넣기 원합니다.
생명을 가진 자가 또 다른 생명을 낳습니다.

생명을 낳는 것이 바로, 그 사랑을 또 다른 이에게 전하는(복음) 사명임을 알게 하소서.
주님, 저에게 영원한 생명을 주심을 감사드립니다.
사망의 그늘이 드리워진 곳에 생명 되신 예수님의 사랑을 전하여, 많은 영혼을 살리는 사명을 다하게 하소서.

"이제는 너희가 죄로부터 해방되고 하나님께 종이 되어 거룩함에 이르는 열매를 맺었으니 그 마지막은 영생이라"(롬 6:22).

9b. 이 포도주는 내 사랑하는 자를 위하여 미끄럽게 흘러내려서 자는 자의 입으로 움직이게 하느니라
10. 나는 내 사랑하는 자에게 속하였도다 그가 나를 사모하는구나
(술)

술람미 여인이 솔로몬을 향하여 그만이 자신의 유일한 사랑의 대상임을 고백, 단둘이서만 지낼 수 있는 깊은 사랑의 시간을 갖기 원함.

나는 나의 사랑하는 자에게 속하였구나.
그가 나를 사모하는구나.
그 좋은 소식을 전하는 자는 하나님과 함께 속한 자입니다.

하나님을 사랑하는 자만이 할 수 있는 최고의 순종입니다.
그분이 하셨고, 그분이 또 우리에게 부탁하셨습니다.
이 일은 하나님을 사랑하는 자만이 할 수 있습니다.
더 나아가 하나님이 나를 사랑하기에 주시는 선물임을 봅니다.

주님, 이 존귀한 선물을 놓치지 않게 하소서.
하나님의 사랑을 전하고 나누는 (복음) 시간.
지체하지 않게 하소서.
담대하게 하소서.

주님! 주를 향한 내 마음의 사랑이 넘치고 넘칠 때
입술로 터지는 그 사랑의 언어가 복음이게 하소서.

"주 예수를 믿으라 그리하면 너와 네 집이 구원을 받으리라"(행 16: 31).

11. 내 사랑하는 자야 우리가 함께 들로 가서 동네에서 유숙하자
12. 우리가 일찍이 일어나서 포도원으로 가서 포도 움이 돋았는지, 꽃술이 퍼졌는지, 석류 꽃이 피었는지 보자 거기에서 내가 내 사랑을 네게 주리라
13. 합환채가 향기를 뿜어내고 우리의 문 앞에는 여러 가지 귀한 열매가 새것, 묵은 것으로 마련되었구나 내가 내 사랑하는 자 너를 위하여 쌓아둔 것이로다   (술)

일시적으로 위기를 맞았던 지난날과는 달리, 본문에서는 자신이 솔로몬에게 속하였다는 사실을 당당히 밝힘으로써 솔로몬을 향한 술람미 여인의 사랑이 보다 성숙한 단계로 발전되었다는 사실을 증명함.

성숙한 만남
주님과 함께하는 삶이 좀 더 성숙하기 원합니다.

주님의 마음을 알고 그 뜻에 순종하는 마음을 더하소서.
세월이 흘러 우리 인생의 끝자락에서 우리가 무엇에 마지막으로 힘을 쏟아야 할까요.

그것은 생명사역인 줄 믿습니다.
주님과 함께 죽어가는 영혼들에게 나아갑니다.
부지런한 청지기처럼 그들의 영적인 부분들을 살피며 복음을 전하여
한 영혼이 주께 돌아오는 것이 아버지의 기쁨이듯
내가 아버지를 사랑하기에 귀한 사명 잃어버리지 않고 최선을 다하기 원합니다.

일찍이 일어나서 포도원으로 가서
포도 움이 돋았는지, 꽃술이 퍼졌는지, 석류꽃이 피었는지 보자.
거기서 내가 나의 사랑을 네게 주리라.
농부의 마음으로, 청지기의 마음으로, 그렇게 존귀히 쓰임받기 원합니다.

합환채가 향기를 뿜어내듯 한 생명을 낳는 기쁨.
열방의 생명까지라도 주님께 맘껏 올려드리기 원합니다.
귀한 사역을 우리에게 허락하신 하나님을 찬양합니다.

주님,

주님께 사랑받는 뜨거운 사랑의 힘으로 오늘도 한 생명을 낳는 기쁨을
주님께 다시 올려드리기 원합니다.

"오직 성령이 너희에게 임하시면 너희가 권능을 받고 예루살렘과 온 유대와 사마리아와 땅끝까지 이르러 내 증인이 되리라 하시니라"(행 1:8).

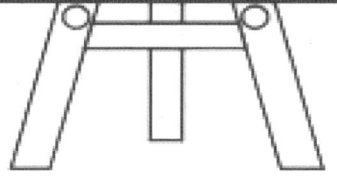

더 깊고 친밀한 믿음은 내가 더 한 발자국 주님께 가려는 모습.
내 뜻이 아니라 주님의 뜻 이뤄드리며 순종하는 삶.
그건 바로 주님이 하신 일을 이 땅에서 실천하는 삶입니다.

더 깊고 친밀한 믿음

우리와 더 깊고 친밀한 믿음을 소원하시는 분이
우리보다 주님이 더 갈급함으로 다가옵니다.

우리를 만드시고 기뻐하시고 더 가까이 친밀감을 누리고픈 주님이 마음은
창세로부터 지금까지 우리를 주인공으로 놓으시고
끝까지 승리하도록 우리를 도우십니다.

끝까지 책임지시는 하나님.

그 하나님은
나의 사랑의 하나님이십니다.

주님의 깊은 사랑을 받고 사는 신부는
담대히 한 생명을 낳고자 합환채를 가슴에 품습니다.

신부의 지혜로운 모습에

주님은 사랑아~ 네가 어찌 그리 아름다운지
어찌 그리 화창한지 즐겁게 하는구나….

신부의 고백

8장

숲 보기

왕의 사랑을 받고 있는 술람미 여인은
이 사랑이 영원하길 소원합니다.

- 왕이 친오라비처럼 늘 곁에서 편안하게 볼 수 있는 영원한 관계이길
- 화려한 궁궐이 아니라 왕을 집으로 들여서 그의 왕 된 삶과 교훈을
  배우고 신부로서 최상의 것을 왕에게 드리길
- 왕과 더 친밀한 사랑을 나누길
- 아무에게도 방해받지 않는 영원한 사랑을 하기를

예루살렘 여인들의 축복송을 들으며 왕은 신부로서 완벽한
술람미 여인을 데리고 신부의 고향집으로 금의환향합니다.

나를 영원히 사랑해 줄 것을
술람미 여인은 왕에게 다시 요청합니다.

많은 물도 이 사랑을 끄지 못하겠고 홍수라도 삼키지 못하나니
사람이 그의 온 가산을 다 주고 사랑과 바꾸려 할지라도
오히려 멸시를 받으리라
이 두 사람의 사랑은 강력함과 영원불멸함을 신부에게 강하게
표현해줍니다.

오빠들은 동생이 아름다운 신부가 되기 위해 나름 노력했음을 표현하지만
왕의 신부는 세상이 만들어 주는 것이 아니라
왕이 세워주는 것임을 보여줍니다.

왕과 술람미 여인의 하나 된 삶은
풍성함과 아름다움으로 가득 채워져서
그 사랑의 노래를
많은 사람들이 듣고자 합니다.
왕도 신부가 하는 사랑의 노래를 너무나 좋아합니다.
왕은 언제나 어디서나 신부가 하는 사랑의 노래를 듣고자
신부 곁에 있습니다.

내 사랑하는 자야 너는 빨리 달리라
향기로운 산 위에 있는 노루와도 같고 어린 사슴과도 같아라.
왕을 위해 오늘도 달려가는 신부의 모습을 8장에서 보여 주고 있습니다.

8장
달려가는 믿음

사랑을 회복한 솔로몬과 술람미 여인은
이제 앞만 보면서 달려가기 원합니다.
하나의 비전을 향해 달려가는 목표가 그들에게 있습니다.

더욱이 이제는 신부 된 술람미 여인은 신랑에 대한
변치 않는 사랑의 고백을 노래로 올려드립니다.
나의 사랑하는 자야 너는 빨리 달리라
향기로운 산 위에서 노루와도 같고 어린 사슴과도 같아라.

이 시대 마지막 신부들이여
구원의 시간은 너무나 빨리 진행되고 있습니다.
천국이 우리 문 앞에 있음이 보이지 않나요.

생명의 면류관 가지고 기다리는 주님이 보이지 않나요.
설레고 가슴 벅찬 감동으로 신부 된 나는
신랑 된 주님을 빨리 만나기 원합니다.

신랑 되신 주님을 마주 대하는 인생의 마지막 시점
혹시 영적인 잠을 자다가 주님 만나지 않게 하소서.
죄를 짓고도 회개치 못한 상태에서 인생 마무리하지 않게
날마다 깨어 있는 신부 되게 하소서.

주님의 비전 다 마치고
나의 본향인 주님 품에 영원히 안식하게 하소서.

이것이 이 작은 자의 소원입니다.

8장 묵상

1. 네가 내 어머니의 젖을 먹은 오라비 같았었더면 내가 밖에서 너를 만날 때에 입을 맞추어도 나를 업신여길 자가 없었을 것이라
(술)

일시적인 사랑을 극복하고 신랑인 솔로몬에 대하여 한층 성숙해진 사랑을 고백하였던 술람미 여인은 본문을 통해 완전한 사랑을 갈망. 완전한 사랑을 갈구하는 술람미의 첫 번째 소망 : 왕과 이룰 수 없는 사랑을 이룬 시골 처녀가 왕후가 된다는 것은 부담스럽지만 오라비같이 자연스럽게 편한 자로 사랑을 나누고 싶어 함.

신랑과 늘 가까이 함께하고 싶은 술람미 여인은 거무스레하고 초라한 자신과는 다른 신랑과 신분의 차이를 느끼며, 솔로몬을 친오라비처럼 늘 곁에서 편안하게 볼 수 있는 영원한 관계가 되기를 소망하고 있습니다.

영원히 나와 함께하시는 하나님
왕의 사랑을 입은 자, 우리가 그 사랑을 어찌 받을 수 있을까요.
의심하지 않겠습니다.
두려워하지 않겠습니다.
주님은 하늘나라 왕의 옷을 벗고 영원히 죽을 수밖에 없는 우리를 살리려

낮고 낮은 땅에 오셔서 우리를 '나의 누이, 나의 신부'라고 칭해주셨습니다.

세상에 어떤 환난이 있어도 주님과의 관계는 영원할 것입니다.

값진 대가를 지불한 그 사랑을 가진 자이기에 이 사랑을 잃어버리지 않겠습니다.

하나님의 신부는 세상에서 그 어떤 것도 업신여길 자 없음을 선포합니다.

주님! 신부로서 당당하게 주님께 사랑을 표현하게 하소서.

그리스도의 십자가 사랑을 가진 자, 완벽한 사랑을 받는 신부가 해야 할 일은

변함없는 신앙고백과 삶으로 그분께 멋지게 올려드리기 원합니다.

하나님의 신부는 그 누구에게도 판단받지 않습니다.

하나님의 신부는 하나님의 사랑을 입은 자로 존귀한 자임을 당당히 세상에 선포합니다.

"존귀한 자는 존귀한 일을 계획하나니 그는 항상 존귀한 일에 서리라"(사 32:8).

2. 내가 너를 이끌어 내 어머니 집에 들이고 네게서 교훈을 받았으리라 나는 향기로운 술 곧 석류즙으로 네게 마시게 하겠고 (술)
완전한 사랑을 갈구하는 술람미의 두 번째 소망 : 화려한 왕궁이 아닌

단둘만이 교제하면서 가장 좋은 것으로 대접하기 원함.

술람미가 솔로몬을 집으로 들여서 그의 왕 된 솔로몬의 삶을 배우고, 그 삶의 아름다운 교훈에 내가 드릴 수 있는 최상의 것을 드리고 싶다는 간절함이 묻어납니다.

주님! 주님을 영접한 저는 날마다 주님의 교훈 안에서 살아가기 원합니다.
예수와 함께하는 삶이 얼마나 아름다운지 그 삶이 산 제물이 되어 향기로 올려드리기 원합니다.
신부의 사명은 주님과 깊은 교제의 삶입니다.
날마다 주님을 향한 신앙고백과 삶이 주님께 올려드리는 양식이기 원합니다.

주님, 나의 시선이 이 땅에 머물지 않고 주님께로만 향하겠습니다.
하나님의 신부는 연약하다고 말하지 않겠습니다.
하나님의 신부는 초라하다고 말하지 않겠습니다.
하나님의 신부는 부족하다고 말하지 않겠습니다.

그리스도의 장성한 신앙고백이 내 안에 날마다 넘치게 하소서.

"우리가 다 하나님의 아들을 믿는 것과 아는 일에 하나가 되어 온전한 사람을 이루어 그리스도의 장성한 분량이 충만한 데까지 이르리니 이는 우리가 이제부터 어린아이가 되지 아니하여 사람의 속임수와 간사한 유혹에 빠져 온갖 교훈의 풍조에 밀려 요동하지 않게 하려 함이라"(엡 4:13~14).

3. 너는 왼팔로는 내 머리를 고이고 오른손으로는 나를 안았으리라
(술)

완전한 사랑을 갈구하는 술람미의 세 번째 소망 : 신랑으로부터 더 친밀한 사랑을 받기를 원함.

아름다운 신랑과 신부의 사랑 표현
가장 안식을 누리는 사랑의 시간
주님! 구원받은 저는 주님과 연합의 관계임을 선포합니다.
팔을 벌려 안아 주시는 아버지의 사랑을 날마다 느끼며 살아가게 하소서.

십자가에서 못 박힌 왼손과 오른손, 나를 영원히 사랑한다는 징표입니다.
주님과 일대일 만남, 더 깊은 사랑으로 친밀감을 누리기 원합니다.
하나님이 찾는 그 한 사람이 당신의 품속에 있음을 보게 하소서.

주님, 신부로 더 깨어 있기 원합니다.

혹시 내가 세상 무리들 중에 있지 않게 하소서.
아버지 품을 떠나는 어리석은 자가 되지 않게 하소서.
주님의 따뜻한 사랑의 품속을 잃어버리지 않게 하소서.
주님의 품속에 거한 자는 세상의 거친 풍파도 두려워하지 않습니다.
주님 품은 나의 요새이고 방패입니다.

주님과 저는 하나임을 선포합니다.
절대 주님을 떠나지 않게 하소서. 날마다 주님이 공급하시는 참사랑의 열매를 먹게 하소서.

"나는 포도나무요 너희는 가지라 그가 내 안에 내가 그 안에 거하면 사람이 열매를 많이 맺나니 나를 떠나서는 너희가 아무것도 할 수 없음이라"(요 15:5).

4. 예루살렘 딸들아 내가 너희에게 부탁한다 내 사랑하는 자가 원하기 전에는 흔들지 말며 깨우지 말지니라 (술)
    완전한 사랑을 갈구하는 술람미의 네 번째 소망 : 아무에게도
    방해받지 않는 단둘만의 사랑의 시간이 오래되길 원함.

이 사랑이 지속되기 바라는 신부는 잠을 자는 신랑을 깨우지 말라고 예루살렘 여인들에게 부탁합니다.
나의 영혼이 평안을 누릴 때, 신랑 되신 주님도 나로 인한 평

안과 안식을 누립니다.
 귀한 사랑을 받은 신부의 삶이 신랑에게 참 평안과 안식을 주는 선물이 되길 원합니다.

 하나 된 사랑
 주님과의 사랑은 완전합니다.
 주님과의 사랑은 영원합니다.
 주님과의 사랑은 그 누구한테도 빼앗기고 싶지 않습니다.
 그리스도의 참사랑을 맛본 자는 그 사랑의 의미를 알기에 너무나 소중합니다.

 주님, 주님과의 사랑은 변함없는 영원한 사랑임을 선포합니다.
 이 땅에서 짧은 만남이 전부가 아니라 영원한 천국에서 영원히 사랑을 나눌 것입니다.

 깊고 깊은 영원한 만남.
 악인이 틈타지 못하도록 주님과 주야로 묵상하는 자로 살게 하소서.

 "복 있는 사람은 악인들의 꾀를 따르지 아니하며 죄인들의 길에 서지 아니하며 오만한 자들의 자리에 앉지 아니하고 오직 여호와의 율법을 즐거워하여 그 율법을 주야로 묵상하는도다"(시 1:1~2).

 5a. 그의 사랑하는 자를 의지하고 거친 들에서 올라오는 여자가 누

구인가 (예)
솔로몬 왕의 아내라는 고귀한 신분으로 변화되어 신랑과 함께 친정에 금의환향하는 모습을 예루살렘 여인들이 노래함.

예루살렘 여자들은 술람미가 솔로몬을 믿고 의시하여 시골 벽촌에서 올라오는 모습을 부러워하며 감탄합니다.

주님을 사랑하는데 내 안에 거친 들과 같은 장애물이 있다 한들 무슨 문제가 있을까요.
앞만 보고 전진하는 신앙의 용사 되기 원합니다.
하나님을 의지하는 믿음이 복된 믿음임을 다시 한 번 더 소중함을 느낍니다.
주님! 나의 시선이 주님께만 고정되어 있으면 결국은 승리인 줄 믿습니다.
오늘도 나의 모든 시선이 주님을 향하는 믿음을 더하소서.
믿음의 끝은 결국 승리입니다.
내 시선을 영원한 천국에 고정시키게 하소서.
거친 들과 같은 세상에서 천국으로 금의환향하는 우리의 모습, 천사도 흠모하는 영광의 모습, 오늘도 또 그려 봅니다.

"무릇 하나님께로부터 난 자마다 세상을 이기느니라 세상을 이기는 승리는 이것이니 우리의 믿음이니라"(요일 5:4).

5b. 너로 말미암아 네 어머니가 고생한 곳 너를 낳은 자가 애쓴 그
   곳 사과나무 아래에서 내가 너를 깨웠노라 (솔)
   술람미 여인과 첫사랑 장면을 회상하는 솔로몬 왕.

솔로몬 왕은 신부 된 술람미 여인에게 너를 낳기 위해 애쓴 어머니의 사랑이 전부가 아니라, 이보다 더 큰 사랑이 있음을 나를 깨워 신부임을 확인시킵니다.

주님, 우리는 하나님의 사랑으로 거듭난 존재입니다.
우리의 삶이 이 땅에서만 머무르지 말고
영안을 열어 주님 보기 원합니다.

주님, 주님의 사랑스러운 확인이 오늘도 나에게 큰 설렘으로 다가옵니다.
왠지 쉽게 주님 사랑한다는 고백이 너무나 부끄럽습니다.
주님은 오늘도 죄인 된 내가 주님을 처음 만났을 때의 그 눈물과 고백을 회상하시며 기뻐하십니다.
주님의 사랑과 감격, 어디다 견줄 수 있을까요.

주님, 날마다 부르심의 감격으로 살아가게 하소서.
그리고 주님을 만난 첫사랑을 귀하게 여기며 살아가게 하소서.

"그러나 너를 책망할 것이 있나니 너의 처음 사랑을 버렸느니라 그러므로 어디서 떨어졌는지를 생각하고 회개하여 처음 행위를 가지라

만일 그리하지 아니하면 내가 네게 가서 네 촛대를 그 자리에서 옮기리라"(계 2:4~5).

6. 너는 나를 도장같이 마음에 품고 도장같이 팔에 두라 사랑은 죽음같이 강하고 질투는 스올같이 잔인하며 불길같이 일어나니 그 기세가 여호와의 불과 같으니라 (술)
    술람미 여인은 신랑에게 자신을 영원히 사랑해 줄 것을 요청함과 그 사랑은 결코 변함이 없을 것이라는 사실을 시사함.

죽음을 이기신 하나님의 사랑을 마음판에 새기고
그 사랑에 기초하여 내 삶을 올려드리기 원합니다.
하나님은 자기의 사랑을 날마다 우리를 통해 확증하십니다.
우리도 그 사랑을 입은 자답게 살기 원합니다.
그 사랑을 시기·질투하는 어둠의 세력에 내 마음을 빼앗기지 않도록
그 사랑의 정절을 지키겠습니다.
사랑의 하나님은 값진 핏값으로 산 우리를 빼앗기지 않으려고 내 심령을 날마다 감찰하십니다.
때론 죄와 타협하는 나의 모습을 보시며 질투하시는 하나님, 불같은 하나님이심을 알아야 합니다.

주님! 우리가 주님을 더 사랑함에 목말라 하게 하소서.
그 사랑의 의미를 알고 날마다 고백하게 하소서.

그 사랑은 하늘에서 온 사랑입니다. 그 사랑은 세상이 끊을 수 없는 영원한 사랑입니다.

그 사랑이 이미 내 안에 있음에 내가 얼마나 소중한 자임을 알게 하소서.

"자녀들아 이제 그의 안에 거하라 이는 주께서 나타내신 바 되면 그가 강림하실 때에 우리로 담대함을 얻고 그 앞에서 부끄럽지 않게 하려 함이라"(요일 2:28).

7. 많은 물도 이 사랑을 끄지 못하겠고 홍수라도 삼키지 못하나니 사람이 그의 온 가산을 다 주고 사랑과 바꾸려 할지라도 오히려 멸시를 받으리라 (술, 솔)
   두 사람의 사랑은 강력한 힘과 영원불멸의 속성을 내포함과 무엇과도 비교할 수 없는 고귀한 가치를 표현함.

하나님과 하나 된 사랑, 그 사랑은 영원한 사랑입니다.

하나님과 연합한 사랑은 어떠한 환난과 어려움이 와도 그 사랑에서 끊을 자 없습니다.

그 영원한 사랑은 세상의 어떤 권력과 힘으로도 바꿀 수 없는 귀하고 값진 영원한 보화요 생명입니다.

지금 내가 살 소망이 없는 환경인가요.

지금 내 앞이 보이지 않아 포기한 삶인가요.

그리스도의 참사랑, 참 언약을 가진 자는 어떠한 어려움도 이기고 승리합니다.

예수님의 십자가상에서 마지막 선포
다 이루었다
마귀를 이기었다
이 세상 살면서 두려워하지 말라
너희는 예수 그리스도의 이름을 가진 승리자다.

예수님의 승리의 함성이 들리지 않나요.
예수님의 우리를 향한 사랑의 고백이 있기에, 우리는 세상을 넉넉히 이기고 남습니다.

"예수께서 신 포도주를 받으신 후에 이르시되 다 이루었다 하시고 머리를 숙이니 영혼이 떠나가시더라"(요 19:30).

8. 우리에게 있는 작은 누이는 아직도 유방이 없구나 그가 청혼함을 받는 날에는 우리가 그를 위하여 무엇을 할까 (오빠들)
　　어린 시절 오빠들이 한 말 회상 : 동생이 아름다운 신부가 되기
　　위해서 우리가 무엇을 해야 할지 고민하는 오빠들의 마음.

주님의 아름다운 신부의 조건은 세상적 가치 기준이 아닙니다.
신랑 되신 그분이 준비된 신부에게로 다가오실 때 완성입니다.

신부는 신랑의 음성을 듣기 위해 날마다 깨어 있어야 합니다.

주님!
주님이 문밖에서 두드리는데 듣지 못하는 영적 귀머거리가 되지 않게 하소서.
기름을 준비하지 못한 미련한 다섯 처녀가 되지 않게 하소서.
세상 잠에 푹 빠져 때와 시기를 놓치지 않게 하소서.

주님이 다시 이 땅에 오실 때까지 성숙한 그리스도인으로 살겠습니다.
주님이 원하는 아름다운 신부의 모습을 갖추며, 영원한 혼인예식에 들어갈 준비를 하겠습니다.

"그런즉 깨어 있으라 너희는 그날과 그때를 알지 못하느니라"(마 25:13).

9. 그가 성벽이라면 우리는 은 망대를 그 위에 세울 것이요 그가 문이라면 우리는 백향목 판자로 두르리라 (오빠들)
 어린 시절 오빠들이 한 말 : 술람미 여인이 결혼할 시기가 될 때까지 그녀를 보호하고 정숙한 여인으로 만들겠다는 오빠들의 마음.

주님의 신부는 세상이 만들어 주지 못합니다.
주님의 신부는 참 보화이신 주님이 택하고 보호하십니다.

주님의 신부는 결코 외롭거나 두렵지 않습니다.
오늘도 주님은 내 삶의 파수꾼이 되어 악한 영으로부터 보호하십니다.

주님은 흔들리지 않는 나의 산성이시요, 요새십니다. 주님은 나의 영원한 구원자이십니다.

"그는 나의 피난처요 나의 요새요 내가 의뢰하는 하나님이라 하리니"(시 91:2b).

이 땅에서의 삶은 3가지 유형이 있습니다.

나를 위하여 살 것인가?
마귀를 위하여 살 것인가?
하나님을 위하여 살 것인가?

객관적인 눈으로 우리의 신앙생활을 점검할 때입니다.

이 땅에서 사는 삶
세상 구경하고 돌아가는 인생이 아니라, 이 땅에서 그리스도인의 사명을 감당하는 삶이어야 합니다.
100년 안짝으로 사는 짧은 인생이 하나님을 위해 거룩한 산 제물로 올려드려야 합니다.
이것이 인간이 이 땅에서 살아야 되는 분명한 목적입니다.

10. 나는 성벽이요 내 유방은 망대 같으니 그러므로 나는 그가 보기
    에 화평을 얻은 자 같구나 (술)
    오빠들의 바람대로 정숙하고 현명한 여인이 되었음을 시사.

　나는 주님의 거룩한 성벽이요, 나의 생명은 주님만 바라보는 망대 같으며
　주님과 화평하고자 애쓰는 나의 모습이 주님의 기쁨입니다.

　신부의 사명.
　우리 스스로 주님보다 높은 망대를 세우지 않겠습니다.
　구원의 문을 놔두고 다른 유혹의 문을 만들지 않겠습니다.
　주님과 화평을 무너뜨리려고 하는 여우를 날마다 잡겠습니다.
　그리고 거룩한 성벽에 승리의 기를 날마다 꽂겠습니다.

　우리의 심령이 주님과 변함없이 화평하기 원합니다.
　가끔 우리가 죄를 짓고도 화인 맞은 심령으로 살아갈 때가 있습니다.
　죄를 지을 때 주님께 버림받을까 봐 두려운 눈물의 시간도 철저히 갖게 하소서.

　죄와 피 흘리기까지 싸우는 수고가 우리 안에 있어야 합니다.
　나 스스로가 주님과의 화평을 깨지 않게 하소서.

　주님! 이 땅에서 거룩한 신부의 사명을 감당하게 하소서.

"너희가 죄와 싸우되 아직 피 흘리기까지는 대항하지 아니하고"(히 12:4).

11. 솔로몬이 바알하몬에 포도원이 있어 지키는 자들에게 맡겨 두고 그들로 각기 그 열매로 말미암아 은 천을 바치게 하였구나
12. 솔로몬 너는 천을 얻겠고 열매를 지키는 자도 이백을 얻으려니와 내게 속한 내 포도원은 내 앞에 있구나 (술)
 신랑과 신부의 연합으로 풍성하고 아름다운 모습.

주님과 함께하는 삶
우리는 주님의 것을 다 가진 자로 다 누리는 자가 되었습니다.
주님과 함께하는 삶은 영생입니다.

주님이 우리를 위해 영원한 생명을 주셨습니다.
그리고 영원한 생명을 가진 우리에게 멋진 사명을 주셨습니다.
하나님의 자녀로 제자로 파수꾼으로 세워주셨습니다.
신랑신부의 사명은 포도원을 잘 열매 맺게 하는 것입니다.
열매는 우리의 생명입니다.
갈 길 몰라 유리방황하는 영혼들을 살리기 위해 우리를 세우셨습니다.
죽어가는 많은 영혼들이 복음을 듣고 살아나기 원합니다.
우리 인생 바로 앞에 천국과 지옥이 있음을 정확히 선포해 주시기 원하십니다.

마귀가 우는 사자와 같이 삼키는 이 시대에
복음의 열정이 회복되어 많은 영혼들을 살리게 하소서.
아버지의 사명이 우리의 사명이 되어 생명사역의 충성하겠습니다.
맡는 자에게 구할 것은 충성이라고 하셨는데 충성된 일꾼으로
아버지의 포도원을 아름답게 가꾸겠습니다.
아버지의 포도원을 실하고 충실한 열매로 가득 채우겠습니다.
잃은 한 영혼이 주님께로 돌아오는 것이 아버지 뜻이기에
오늘도 선한 청지기 삶을 살기 원합니다.

"사람이 마땅히 우리를 그리스도의 일꾼이요 하나님의 비밀을 맡은 자로 여길지니라 그리고 맡은 자에게 구할 것은 충성이니라"(고전4:1~2).

13. 너 동산에 거주하는 자야 친구들이 네 소리에 귀를 기울이니 내가 듣게 하려무나 (솔)
    신랑 자신뿐만 아니라 신부를 잘 알고 있는 모든 사람들이 신부가
    부르는 사랑의 노래를 듣고 싶어 함.

주님이 기뻐하시는 소리
주님이 찾고 있는 소리
생명을 살리는 소리
복음을 전하는 소리가 마지막 시대 신부의 노래입니다.
주님이 만든 동산을 다스리고 지배하는 정복의 사명
아담은 실패했지만 마지막 사명을 받은 신부들은

주님께 승리와 회복의 동산으로 다시 올려드리기 원합니다.
주님의 동산에 구원받은 수가 가득가득 채워지게 하소서.
마지막 시대 신부들이 주님의 기쁨이요, 소망이기 원합니다.

"하나님을 찬미하며 또 온 백성에게 칭송을 받으니 주께서 구원받는 사람을 날마다 더하게 하시니라"(행 2:47).

14. 내 사랑하는 자야 너는 빨리 달리라 향기로운 산 위에 있는 노루와도 같고 어린 사슴과도 같아라 (술)
    신랑의 요청을 받고 신부는 즉시 사랑의 노래로 화답, 그 노래는
    신랑에 대한 신부 자신의 변치 않는 사랑의 고백 노래.

이 시대 마지막 신부들이여!
구원의 시간은 너무나 빨리 진행되고 있습니다.
천국이 우리 문 앞에 있음이 보이지 않나요.
생명의 면류관 가지고 기다리는 주님이 보이지 않나요.

신부 된 나는 신랑 된 주님을 빨리 만나기 원합니다.
신랑 되신 주님을 마주 대하는 인생의 마지막 시점
혹시 영적인 잠을 자다가 주님 만나지 않게 하소서.
죄를 짓고 회개도 하지 못한 상태에서 인생 마무리하지 않게 하소서.
인생의 오랜 연수를 추구하기보다

기름을 준비한 다섯 처녀처럼 성령 충만할 때
그리고 마지막 신부의 사명 다 감당 후
그때 저는 주님을 만나고 싶습니다.

주님을 만나고 싶은 설렘이 날마다 내 안에 가득 넘치게 하소서.
마라나타! 주 예수여, 속히 오시옵소서.

"보라 내가 속히 오리니 이 두루마리의 예언의 말씀을 지키는 자는 복이 있으리라 하더라"(계 22:7).

> 세월이 쏜살같이 지나갑니다. 내 믿음도 달려가기 원합니다. 내 인생의 남은 연수가 얼마 남지 않았기에 다시 만날 주님 사랑하며 달려가기 원합니다.
> 뒤를 돌아보면서 후회할 시간도 아깝습니다. 오늘 하루 주님을 향한 출발점이 용기 있는 아름다운 결단입니다.
> 주님! 내 앞에 확실한 구원자 주님이 계시기에 오늘도 힘찬 경주자로 달려가게 하소서.

달려가는 믿음

하나님의 시간표는 창세 때로부터 시작하여
종점인 말세를 향해 달려가고 있습니다.

우리 신앙생활도 달려가지 않으면 안 되는 시대에 살고 있습니다.

중도에 포기하는 사람
뒤돌아보는 사람
때를 몰라 유리방황하는 사람

신앙생활은 졸거나 걷거나 노닥거리며 유랑하는 것이 아닙니다.

우리는
천국을 향해 달려가는 목적이 있는 삶입니다.
힘들다고 멈추지 않습니다.

우리가 가는 길 혼자 아닙니다.
신랑 되시는 주님이 신부의 손을 꽉 잡고 같이 달려가는 길이기에
결코 외롭거나 두렵지 않습니다.

우리 인생의 종착점에 신부를 태울 황금 마차가 기다리고 있습니다.
우리 모두가 이 마차의 주인이 되길 간절히 기도합니다.

신부의 고백

어렵고 이해하기 힘들 것 같은 아가서를 신앙고백으로 다가가니, 깊은 하나님의 마음을 느낄 수 있었습니다. 솔로몬, 술람미 여인, 그 외 인물의 신앙고백은 다 사랑이었습니다. 처음과 끝이 사랑으로 시작하고 사랑으로 마치는 우리에게 깊은 의미를 주는 책이었습니다.

주석에서 절마다 주인공을 찾아 분류하고, 주석을 바탕으로 그 의미를 묵상하는 방식으로 하다 보니 넓은 그림까지 보게 되었습니다.
하나님과 내가 하나 되는 시간, 하나님의 마음을 채우는 친밀한 책이 되었습니다.

어설프고 부족한 저에게 이 책을 시작하게 하신 하나님은, 연약한 자를 들어 살아 계신 하나님을 보기 원하시는 분입니다. 우리 하나님은 마지막 시대에 하나님의 백성들로 하여금 많은 사랑의 고백을 듣기 원하십니다. 친밀함을 넘어서 감동이 되는 사랑으로 우리와 함께하고자 하시는 아버지의 마음을 보았습니다.
 하나님의 사랑은 깊고 애절한데
 우리가 주님께 다가가는 모습은 너무나 외식과 형식이 아닌지

 우리를 위해 생명 바친 그 값진 사랑
 우리도 주님을 위해 값지고 의미 있는 사랑을 이 땅에서 맘껏 올려드려야 할 사명이 있다는 것을 잊지 말아야 합니다.
 영원한 천국에서 살아야 할 우리가 이 땅에서 주님께 올려드릴 수 있는 사랑 고백의 시간들이 그리 길지 않다는 것도 알아야 합니다.

 지난겨울, 저는 갑작스런 사고로 수술을 하는 과정에서 호흡곤란 증세로 죽음의 문턱에 이르는 체험을 하게 되었습니다. 부분마취로 의식은 있었는데 숨이 쉬어지지 않는 너무나 무섭고 고통스러운 시간이었습니다.
 '이제 죽는구나.'
하는 그때 제 머릿속에는,
 '지금 이 모습 이대로 내가 어떻게 하나님을 만나지?'
 너무나 두렵고 자신 없는 모습으로 '주님, 주님, 주님!'만 부르는 저의 연약함을 보게 되었습니다. 평상시 신앙생활을 하면서 예수님을 나의 구주로 영접했고, 또 주님의 사역도 하고 나름 말씀대로 살려고 노력하는데…. 천국에 대한 강한 확신이 있고 오히려 의심하면 믿음이 없는 것이라 생각했습니다.
 '주님, 저는 주님의 십자가의 공로로 천국 갑니다.'

이렇게 확신하며 살았습니다.
맞습니다. 저는 천국 가는 것은 확실하다고 봅니다.

하지만 나에게 생명을 다 주신 주님께 나아가는 모습이, 너무나 초라해서 아쉬워하는 모습을 보게 되었습니다.

주님은 나를 살리기 위해 십자가에서 배신과 조롱, 뼈아픈 고통도 다 견디어 주셨고, 영원히 함께할 처소도 만들어 주시며 나를 위해 하늘 보좌에서 기도하며 기다리시는데, 정작 나는 주님을 이 땅에서 뜨겁게 사랑하지 못한 아쉬움과 후회로 너무나 힘들었습니다.
오히려 주님보다 세상이 주는 쾌락과 삶이 내 인생에 더 많은 시간을 차지하였음을, 진정한 주님과의 교제가 짧고 부족했음을 깨달았습니다.

이 깨달음의 경험은 날마다 주님의 기쁨과 만족이 되려고 말씀 앞에 살고자 노력하는 계기가 되었습니다. 우리는 모두 이 땅에서 마지막 삶의 단계를 맞이합니다. 죽음 앞에 선 모든 인생들을 보면, 먼저 떠나는 사람이나 보내는 사람 모두 아쉬워하고, 그것이 서로의 슬픔과 상처로 남는 것을 보게 됩니다.

어쩜 그것이 주님을 만날 준비가 되어 있지 않기 때문이 아닌가 싶습니다.

아가서의 구절마다 새겨진, 주님을 사랑하는 신앙고백을 통해 의식적으로 사랑을 고백하고 표현함으로, 주님께 한 걸음 더 가까이 가려고 합니다.

주님을 뜨겁게 사랑하기 원합니다.
그것은 주님을 위해서 열방에서 모두 순교자가 되라는 뜻이 아닙니다.
날마다 주님과의 친밀한 교제가 필요합니다. 시편을 지은 다윗의 시를 보면, 하나님을 인정하고 자신의 부족함을 깨달아 날마다 발버둥치는 내용들이 많습니다.

우리도 그분을 인정하고 그분의 삶이 되어 올려드리기 원합니다.
우리의 삶이, 하나님 말씀이 기준이 되어 죄와 피 흘리기까지 싸우고
주님을 향한 신앙고백과 그리스도의 향기 나는 복음적 삶으로 흘러넘치기 원합니다.
이것이 주님을 뜨겁게 사랑하는 모습이 아닐까요.

나에게 구원의 길을 주신 주님!
나에게 천국을 선물로 주신 주님!
나에게 자녀로, 신부로 너무나 값진 신분을 부여해 주신 주님!
세상이 줄 수 없는 평안을 날마다 부어 주시는 주님!

그런 주님을 뜨겁게 사랑하고 싶습니다.
제대로 된 신앙고백 없이
구원의 감격도 감사도 표현하지 못하는 삶
이 모습 이대로 주님을 만난다면
후회와 아쉬움이 많을 것 같아 두렵습니다.

내 온몸 다해 주님께 사랑을 표하고 싶습니다.

영원한 천국에서 주님을 만날 것인데
이 땅에서 허송세월하지 않고 제대로 된 삶과 신앙고백을 올려드리고 싶습니다.

하루.
1분.
1초.

그 값진 시간을 주님께 존귀히 다 올려드리고 싶습니다.

아낌없이 주님을 사랑한다고 표현해도 100년 안짝의 시간일 뿐인데
왜 이리 인색하게 살았는지~
주님을 사랑한다는 표현에 인색하지 않기 원합니다.

안개와 구름 낀 인생사라 할지라도

내가 숨쉬고 있는 이 삶 자체도 주님의 사랑 몸부림이 되고 싶습니다.
주님과 함께하는 가장 값진 사랑!
세상 것들에 취해서 그 시간을 잃어버리지 않게 날마다 깨어 있게 하소서.

내 마지막 호흡이 다하는 그 순간에도
'주님, 사랑합니다.' 고백하게 하소서.

주님과 날마다 뜨거운 사랑을 하다가
천국에서 만날 때
사랑의 승리자이신 주님 품에 안기게 하소서.

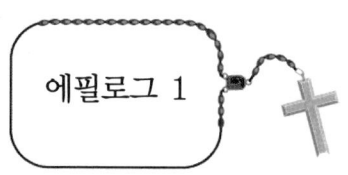

어느 개미 마을 이야기

평화로운 어느 개미 마을에 엄청나게 내린 비로 둑이 무너져 마을이 없어질 위기가 닥쳤습니다.

마을에 모든 개미들은 그 둑이 무너지지 않게 모든 것을 동원해서 애를 썼지만, 개미가 감당하기에는 역부족이었습니다. 피할 길도 도움을 요청할 길도 없는 상황이었습니다.

조금 있으면 마을 전체가 강으로 떠내려갈 위험천만한 상황이었습니다.

두려움과 공포의 시간이 무섭게 흐르고 있었습니다.

천둥과 번개는 무섭게 치고 비는 더 세차게 몰아치고 있었습니다.

개미들은 절망과 낙심 가운데 모든 것을 포기할 수밖에 없었습니다. 그때 어느 한 농부가 개미를 살려야 한다는 다급한 마음으로 큰 삽을 들고 와 무너져 내리고 있는 둑을 재빨리 고쳐주었습니다. 고쳐주는 정도가 아니라 예전보다 더 튼튼하고 두꺼운 둑을 만들어 주었습니다.

개미들은 깜짝 놀랐습니다.
어떻게 저 큰 농부의 눈에, 이 먼지처럼 작은 우리의 위급한 상황이 들어올 수 있었을까요?
개미들은 너무나 고맙고 감사해서, 큰소리로 인사하고 손을 흔들어대며 할 수 있는 최대한 감사의 마음을 전했습니다.

완벽한 둑을 쌓아 준 농부는 개미들에게 안심하라고 미소를 지으며 또 위기가 오게 될 때에, 어떻게 극복해야 하는지 가르쳐 주었습니다.
그리고 서로 다시 만날 것과, 그날에는 이렇게 위험한 곳이 아닌 농부가 사는 곳에서 함께 살리라는 소망을 약속하며 떠났습니다.

비가 그치고 마을도 안정이 되면서 예전보다 더 단단한 둑을 가진 개미들은 너무나 행복했습니다. 그리고 많은 개미들은 그 위기에서 살려준 농부를 생각하며 농부와의 약속을 지키려고 노력하며 살았습니다. 하지만 어느덧 세월이 흐르고 땅속에서 집을 짓고 먹을 것을 모으며 열심히 살던 개미들은 차츰 그 농부와의 약속을 잊게 되었습니다.
"어떤 큰비가 와도 둑은 무너지지 않으니, 우리의 집을 땅 위에 짓자."
"더 크게, 더 아름답게, 더 높게."

"우리가 가진 이 많은 것으로 큰 건물을 지을 수 있어!"

하나둘씩 개미들은 땅 위에 건물을 짓는 데 목적을 두고 살았습니다.

서로 더 높고 아름다운 건물을 짓는 데 혈안이 되어 농부와의 약속은 새까맣게 잊어버린 채, 자기들이 있는 곳을 영원한 터전으로 여기고 모든 에너지를 그곳에 다 쏟고 있었습니다.

하지만 몇몇 개미들은 농부가 한 말을 기억했습니다.
"우리가 다 죽게 되었을 때 살려준 그 농부는 우리의 구원자야. 그가 한 말대로 살아야 해."
"지금은 땅 위에 집을 지을 때가 아니야. 이 땅에 더 큰 어려움이 온다고 했어."
"지금 저들이 하고 있는 것들은 다 없어지고 아무것도 아니야. 그 농부가 사는 집이 우리의 집이라고 했어. 우리를 살려준 농부를 고마워하며 감사하며 살아야 해. 그 농부는 다시 온다고 했어."
"난 그 약속을 믿어…."
"개미답게 겸손히 살고 약속을 기다리며 살아야 해."

몇몇 개미들은 그 세상 유혹에서 벗어나고자 노력했습니다.

세월이 흘러 우레가 치고 나팔소리 웅장한 가운데 농부가 돌아왔습니다.

'오! 예전에 우리를 살려준 농부네!'
많은 개미들은 농부를 보고 반가움에 달려가고 싶었지만, 약속을 지키지 못한 두려움에 차마 그에게 다가갈 수 없었습니다.

그러나 죽을 수밖에 없었던 자를 살려준 그 은혜에 감사하며, 언젠가는 꼭 돌아오겠다는 농부의 약속을 기다리던 몇몇의 개미들은 농부를 보자 기쁨으로 농부의 품속으로 달려갔습니다.

농부는 약속을 믿어준 몇몇 개미들을 꼬옥 안아 주며 농부가 사는 안전한 곳으로 데리고 갔습니다. 농부의 약속은 알고 있었지만 믿지 않은 개미들은 농부와 함께 떠난 개미들이 너무나 부러워 하늘만 쳐다보았습니다. 그리고 앞으로 자기들이 닥쳐야 할 무서운 일들이 떠올랐습니다.
예전에 경험했던 홍수의 두려움보다 더 무서운 심판의 두려움.
다시 돌리고 싶어도 그들에게는 시간이 없었습니다.
후회와 아쉬움・두려움・공포로 그들은 눈물지었습니다.
그제서야 그들이 들어가야 할 무서운 처소를 본 것입니다.

우리는 하나님과의 언약백성입니다.
우리를 주님의 신부로 삼아주시고 아름다운 신부로서 주님을 기다리는 사명을 주셨습니다.
그분은 약속을 이루시고 성취하시는 분입니다.

오늘 내 인생의 하루하루가 지나가고 있는 것을 아쉬워하거나 슬퍼할 이유가 없습니다.
  그분을 만날 시간이 가까워 오기에
  오늘이 어제보다 더 설레고 기대하며 살아가는 것이, 주님의 신부가 지녀야 할 참다운 마음가짐이 아닐까요….

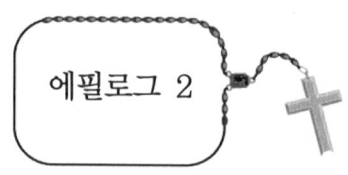

에필로그 2

우리는 주님의 신부들입니다

내 나이 60을 바라보며 지난날의 삶을 되돌아보니, 참으로 많은 일들이 있었습니다.

배신의 쓴잔도 마셔 보고
여러 상황 속에 억울함과 수치심
동전 한 닢이 귀한 상황도 맞닥뜨려 보고
영원히 함께할 것 같았던 부모님과의 이별의 아픔
짧았지만 이 작은 몸도 병원을 의지하며 보내야 했던 시간들
자식들을 엇나갈까 봐 가슴 졸이며 눈물로 기도하던 시간들
내 뜻대로 되는 상황 없이 다른 방향으로 흘러가는 두려움 등.

사람들은 이것을 고난이라고 합니다.
이것들로 인해 우울하고 아파하고 힘들어 하며, 평생 고난의 굴레에서 벗어나지 못하고 힘든 세월을 보냅니다.

그런데 감사하게
이 고난이라는 단어가 내 안에 뿌리 내리지 않아
그 누구도 원망하지 않고 미워하지 않습니다.
그것은
신랑 되신 주님의 사랑이 내 안에 가득 심기어 있기에, 이 어려움들을 이길 수 있었습니다.

주님의 신부들은 지혜롭습니다.
이 세상의 이뤄지는 일들을 위해 에너지를 다 쏟지 않습니다.
내 힘든 상황, 신랑 되신 구원자 주님께 올려드리며
다시 만날 주님을 위해 믿음을 지켜 나가며 현실의 어려움을 이겨 나가는 지혜가 있습니다.

이 책을 대하는 주님의 신부들이여,
주님 곧 오십니다.

우리가 때론 가룟 유다, 베드로처럼 주님께 범죄하여 숨고 싶은 일들도 많습니다.

주님을 팔아넘긴 가룟 유다는 문제 속으로 들어가 신부의 자리를 놓쳤습니다.

주님을 배신한 베드로는 문제를 딛고 일어나 신부의 자리로 들어가는 지혜가 있었습니다.

팔아넘긴 자나 배신한 자나 똑같은 죄인입니다.

하지만 각자의 선택으로 두 사람은 엄청난 결과로 마무리 짓습니다.

사탄은 문제만 바라보고 절망케 하며 주님을 보지 못하게 하는 속성이 있습니다.

속지 맙시다. 사탄은 그림자일 뿐 지혜도 능력도 없습니다.

주님의 신부들이여, 우리 앞에 놓여 있는 시간이 그리 길지 않습니다.

각자 처해 있는 곳에서 최선을 다하는 삶, 아름답고 향기 나는 삶을 올려드리기 원합니다.

먹음직, 보암직, 지혜롭게 할 만큼 탐스럽기도 한 그것에 무너지지 말고 우리의 마음을 지켜나가야 합니다.

그동안 우리가 어떻게 살았든 뒤돌아보지 말고 시간을 아끼는 지혜로운 자로

하루하루 신부 단장하며 다시 오실 주님 바라보며 살아야 합니다.

주께로 향하고 있는 신부들에게 주님은 말씀하십니다.

주께로 돌아오는 너의 발걸음이 귀한 자의 발이구나.
죄로 부끄러워하는 너의 뺨과 눈물이 석류 한 쪽 같구나.
다시 결단하고 다심하는 너의 마음이 승리의 깃발을 세운 군대 같구나.
고난을 이긴 너의 모습이 어여쁘고 화창하구나.
나만 바라보는 너의 미소가 아름답구나.

내 누이 내 신부야, 네 사랑이 어찌 그리 아름다운지
네 사랑은 포도주보다 진하고 네 기름의 향기는 각양 향품보다 향기롭구나.

〈아가서〉
마지막 신부의 고백

지은이 : 백인순
초판일 : 2021년 7월 10일

펴낸이 : 김혜경
펴낸곳 : 도서출판 나됨

주소 : 서울시 은평구 역촌동 68-33호 2층
전화 : 02) 373-5650, 010-2771-5650

등록번호 : 제8-237호
등록일자 : 1998. 2. 25

값 : 10,000원

저자와의 협약하에 인지를 생략합니다.
ISBN 978-89-94472-44-4 03230